L'ERMITE
DE LA
FORÊT DE LOIZIA.

Par M. DE FAVEROLLES.

TOME TROISIÈME.

A PARIS,

CHEZ LEROUGE, LIBRAIRE,

COUR DU COMMERCE SAINT-ANDRÉ-DES-ARCS.

1823.

L'ERMITE

DE

LA FORÊT DE LOIZIA.

III.

A RAMBOUILLET,

DE L'IMPRIMERIE DE LEROUX-FAGUET.

L'ERMITE
DE LA
FORÊT DE LOIZIA.

Par M. DE FAVEROLLES.

TOME TROISIÈME.

A PARIS,

CHEZ LEROUGE, LIBRAIRE,

COUR DU COMMERCE SAINT ANDRÉ DES-ARCS

1823.

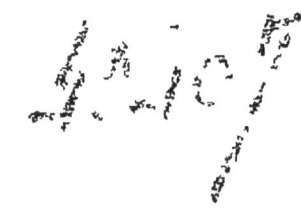

L'ERMITE
DE
LA FORÊT DE LOIZIA.

CHAPITRE XXIII.

Vous voulez donc, mon cher Raoult, que je vous raconte toutes les puérilités dont nous nous sommes gravement occupés jusqu'au *siècle des lumières*, qui a bien aussi sa part des ténèbres dont l'entendement humain sera toujours couvert un peu plus et un peu moins. — Je vous écoute avec grand plaisir.—Eh bien, je commence : il y avait de grandes distinctions entre les femmes de qualité, celles de la noblesse de province se font rarement présenter, parce que cela coûte de l'argent (1), et n'est qu'un vain honneur. On n'appelle en général femme de la cour que celles qui sont attachées à la reine et aux princesses de la famille royale; car celles qui ne sont que présentées n'y paraissent souvent que ce jour-là ; la présentation se passe ainsi : le roi reçoit la femme présentée debout et l'embrasse d'un côté, lui dit quelques mots agréables,

---

(1) A cette époque la présentation coûtait environ dix mille francs, et ne servait à rien.

de là, elle passe chez la reine ou chez la princesse qui tient la cour. La dame présentée plie un genoux comme pour baiser le bas de la robe de la reine ou de la princesse, celle-ci la relève aussitôt et l'embrasse.

On assure que lorsque madame Adélaïde, fille de Louis XV, consentit à recevoir madame du Barri, elle lui laissa baiser le bord de sa robe, et ne l'ambrassa pas; je n'affirmerai pas le fait, je n'y étais pas.

Les femmes de robe, de quelque rang que fussent leurs époux, ne sont jamais présentées (1); toutes les femmes de ministres le sont de droit.

---

(2) On en donnait pour raison la gravité des fonctions de leurs maris, qui ne peuvent cadrer avec le brillant des cours.

C'est un grand divertissement pour la jeune cour quand on présente quelques femmes de ministres, bien laides et déjà vieilles : madame de Massiac, veuve, en premières noces, de M. Gourdan, premier commis de la marine, se remaria à plus de quarante ans avec M. de Massiac, ministre de la marine. Elle fut présentée et elle venait tous les premiers jours de l'an à Versailles faire sa cour ; et, rentrée chez elle, elle n'ôtait pas son grand habit, et recevait ainsi ce jour-là ceux qui venaient la voir. Quand ses infirmités ne lui permirent plus d'aller à Versailles, le premier de janvier vint, elle ne s'en mettait pas moins en grand habit : ceux au fait de sa manie, paraissaient persuadés qu'elle avait fait sa cour, et elle était charmée en pensant qu'ils le croyaient.

Le plus grand avantage que l'on retire de la présentation, c'est d'être placé aux fêtes, soit de Versailles ou de Paris, dans un rang distingué. Du reste, cela ne fait pas, comme vous savez, le moindre effet dans la société; et il s'y trouve des femmes dont les maris sont d'une naissance supérieure à celles présentées, et qui ne le sont pas; mais alors il est d'usage qu'elles ne paraissent point dans les fêtes où elles ne seraient placées qu'avec la bourgeoisie : pour être présentée, il faut que le mari prouve depuis 1400, temps où remontaient les ennoblissemens. La noblesse qui précède cette époque et dont l'origine se perd dans la nuit des temps, se nomme noblesse de nom et d'années. Le plaisir qu'ont les jeunes personnes de paraître à la cour, fait faire de fort bons mariages à de pauvres cadets de famille qui n'ont rien que leurs titres. Ce qu'il y a d'extraordinaire, c'est qu'il existe des places auprès des princes, telles que celles d'écuyers de main, de porte-manteau, qui privent ceux qui les possèdent, de quelque ancienne noblesse qu'ils soient, du droit de présentation pour eux et leurs femmes. Celle d'un écuyer cavalcadour, si sa naissance le lui permettait, pouvait même être attachée. — Cela me paraît bizarre. L'écuyer sur le bras duquel le prince ou la princesse s'appuyaient, a plus de rapport avec eux que celui qui commande des hommes attachés aux chevaux. — Je n'en disconviens pas, mais c'est l'usage. Je vous ai parlé, monsieur, des femmes présentées qu'il ne faut pas confondre avec les dames attachées.

Toutes les princesses, depuis la reine jusqu'aux princesses légitimées ont une dame d'honneur, c'est presque toujours, chez les princesses de la famille royale, une duchesse; son crédit est grand auprès de sa maîtresse, quand elle s'en fait aimer. Elles étaient consultées sur tout; la princesse n'accordait aucune grâce, n'en sollicitait aucune auprès du roi et des ministres, que de l'avis de sa dame d'honneur.

L'emploi de la dame d'atour est plus lucratif que celui de la dame d'honneur, et moins important: elle a le détail de la toilette, les femmes de chambre dépendent d'elle, les dames d'atour leur font part des profits considérables qu'elles retirent de la vente de la garde-robe de la princesse, que l'on renouvelait en entier tous les trois mois, et qui est vendue par la dame d'atour : c'est elle qui choisit les artistes, les marchands, les ouvriers employés pour la parure de la princesse. Celle ci vit familièrement avec ses dames d'honneur et d'atour qui sont toujours de service auprès d'elle, et restent dans l'intérieur de l'appartement de la princesse ou reçoivent dans le leur leur auguste maîtresse.

Aucun de ces avantages n'a lieu ordinairement pour les dames du palais de la reine, et celles pour accompagner les princesses. Leur service n'a aucun rapport avec celui des dames de compagnie des princesses du sang.

Quand une de nos princesses se marie ou que le roi forme la maison de sa fille ou de sa sœur, sa majesté lui nomme, si c'est la reine, des dames du palais; si ce sont des princesses de la famille royale, des dames pour accompagner, dont tout le service consiste à venir passer quinze jours, sur deux mois, à Versailles, dans un assez petit appartement au château, ou, comme elles n'ont point leurs maisons, et ne sont point nourries de la bouche de la princesse, elles se font servir par le traiteur; et ces dames, qui, pour la plupart, ont de magnifiques hôtels à Paris, un excellent cuisinier, renonçaient à toutes les commodités de la vie, pour avoir l'honneur d'être à midi précis dans le cabinet de leur maîtresse, qui souvent ne leur dit pas un mot; la suivent à la messe, et la ramènent dans son appartement, assistent au dîner, debout si elles ne sont pas duchesses, puis se trouvent au jeu ou au spectacle. La quinzaine finie, elles reviennent à Paris, excédées, n'en pouvant plus, jurant qu'elles donneront incessamment leur démission, et n'en faisant rien.

Madame la duchesse de Beauvilliers Denos, dame de madame Adélaïde, était très-plaisante à entendre raconter tout ce qui avait rapport à son service. J'étais, me disait-elle, citée, parmi les dames attachées aux princesses par mon attention à écouter le sermon où la princesse assistait toutes les fois que l'on prêchait à la chapelle, et jamais je n'ai manqué d'y dormir depuis l'exorde jusqu'au dernier mot; et voici comme je m'y prenais pour que l'on ne s'en aperçut pas : j'avais une grande coeffe de taffetas noir, dans laquelle, sous prétexte de recueillement, je m'enveloppais, et comme j'avais pris l'habitude de dormir sans changer de position, on était persuadé que je ne perdais pas une phrase; et en vérité, j'aurais été bien embarrassée si on m'eût demandé sur quel sujet le pieux orateur avait prêché : malgré cela, madame Adélaïde vantait ma piété et mon recueillement. Cependant, ajoutait la duchesse, j'aurais bien voulu que mon auguste maîtresse n'eût pas été si dévote ou que mon titre de duchesse ne m'eût point asservie à me trouver à sept heures du matin en grand habit pour tenir la nappe de communion qui ne pouvait l'être, quand la princesse approchait de la sainte table, que par deux duchesses; ce qui arrivait souvent, lorsque l'on était attaché aux filles de Louis XV : à la grande contrariété des dames titrées. Vous remarquerez que madame la duchesse de Beauvilliers employait le mot titrées, en parlant des duchesses : les marquises, comtesses, baronnes, n'étaient que qualifiées.

Les duchesses et les femmes de maréchaux de France ont de grandes prérogatives. Il y a la femme d'un maréchal de France, fille d'un colon immensément riche, et qui avait été dans sa jeunesse tonnelier à Nantes ; elle ne vient point à la cour, mais elle va souvent aux Tuileries, et se fait ouvrir la cour royale pour jouir au moins en cela de ses prérogatives.

Les appointemens des dames attachées sont bien au-dessous de la dépense que leur occasionne leur séjour à la cour où il faut qu'elles paraissent.

toujours avec des parures nouvelles, aussi sont-elles presque toutes abîmées de dettes, parce qu'elles n'ont, pour la plupart, que le faste de la cour, sans en avoir tous les avantages, le crédit étant toujours concentré dans un très-petit nombre de personnes, et les favorites sont rarement choisies parmi les dames pour accompagner. Elles changent trop souvent pour que leur faveur se soutienne : il n'en était pas de même des dames de compagnies des princesses du sang qui vivent dans l'intimité avec leurs maîtresses : elles sont absolument traitées en amies. J'ai connu beaucoup de femmes qui auraient préféré d'être dames de compagnies auprès d'une princesse du sang, aux plus brillantes places à la cour qui ruinent presque toujours les familles les plus opulentes.

Parmi les dames de la cour il faut en séparer les gouvernantes et les sous-gouvernantes ; celles-ci font encore classe à part. La place de gouvernante des enfans de France est une des grandes charges de la couronne : on ne peut la renvoyer sans avoir fait son procès, aussi est-elle ordinairement choisie dans les premières maisons du royaume.

Madame la duchesse de Ventadour, gouvernante de Louis XV eut un honneur bien rare. Tout le monde sait que ce prince n'avait que cinq ans quand il monta sur le trône, et lorsqu'il parut dans son lit de justice, il était sur les genoux de madame de Ventadour, le roi lui conserva toujours une sincère affection. Madame la princesse de Marsan, de la maison de Rohan qui disputait le pas aux premières maisons de France, a élevé les jeunes princes et princesses fils et filles de M. le Dauphin.

Les sous-gouvernantes des enfans de France, sont des femmes présentées ; celles des autres princes de la famille royale sont présentées, parce qu'elles sont sous-gouvernantes, ce qui mettait une grande différence entre elles. Les unes et les autres ont beaucoup de crédit, parce qu'elles ne quittent pas les jeunes princes qui leur sont confiés jusqu'à l'âge de sept ans. Lorsqu'il y a des princesses, le crédit des sous-gouvernantes se prolonge pendant de longues années, sans employer d'autre intrigue que l'affection de leurs augustes élèves : elles placent leurs parens et même leurs amis. Du reste, tout ce qui tient à l'éducation vit au milieu de la cour d'une manière fort austère, et ne prend que peu de part aux plaisirs tumultueux qui y règnent; mais elles en sont dédommagées par la confiance et l'amitié que les princes leur témoignent.

Les gouvernantes des princes du sang, prises parmi les femmes de qualité, joignent ordinairement le mérite à une naissance distinguée. Les sous-gouvernantes sont de la bourgeoisie et assez communément la femme d'un trésorier ou d'un secrétaire du prince, qui ne sont pas gentilshommes.

Je remerciai M. Sévin de la patience avec laquelle il m'avait mis au fait de tout ce qui se passait dans un pays où je ne comptais guère faire de séjour. J'aimais beaucoup mieux le château tant soit peu gothique de M. d'Hervilly, et même la modeste salle de compagnie d'Angélique Tassin à laquelle je pensais encore, la trouvant mille fois plus jolie avec ses habits de ville que même la duchesse au grand habit, son rouge et ses diamans, et j'avais grande envie de revenir à Paris pour la voir encore une fois avant son mariage. On sait que je n'aimais pas les maris, ceux de cour n'étaient pas incommodes. Pendant un mois que nous passâmes à Versailles, et que la duchesse fut chez sa mère, nous ne vîmes pas le duc deux fois, encore parce qu'il chassait avec le roi, et qu'il était plus commode pour lui d'arriver la veille et de coucher à Versailles, chez sa belle-mère, que de partir de Paris avant le jour; et je ne pouvais concevoir que l'on fût l'époux d'une aussi jolie et aussi aimable personne, et que l'on eût pour elle autant d'indifférence, elle n'en paraissait pas affligée. Je me permis de lui dire qu'il me semblait que si j'étais uni à un être charmant, je me ferais une gloire de lui prouver à chaque instant combien il m'est cher. — Vous seriez, dit-elle en riant, parfaitement ridicule. Nous nous aimons beaucoup le duc et moi; mais nous respectons les convenances. — Quoi! vraiment vous vous aimez? Eh bien, je ne m'en serais jamais douté, je suis bien sûr qu'il n'en sera pas de même d'Angélique et de son mari; je faisais le projet de ne pas être témoin de leur félicité. Je l'aurais eu, qu'il était décidé qu'aussitôt mon brevet expédié, je partirais pour Valenciennes où le régiment de Larochefoucault était en garnison. Madame de Marsac devait accompagner madame Victoire à St.-Cyr; elle proposa à ma mère de s'y trouver: vous entrerez, et même votre fils en même temps que la princesse : ma mère accepta, et j'en fus fort aise, j'avais beaucoup de désir de connaître ce bel établissement. L'aumonier de madame Victoire devait venir aussi avec son auguste maîtresse; ma mère le connaissait, il venait souvent chez elle à Paris, elle l'engagea à monter avec elle dans sa voiture, qui n'était pas une des moins élégantes du cortége : quatre chevaux gris-pommelés de la plus grande beauté, sur une calèche bleu et or, des gens en grande livrée que mon grand père avait achetée ainsi que ses armes d'un prince d'Italie, donnaient très-bon air à notre équipage. Quand nous fûmes en route, l'abbé dit à ma mère :

Après les Invalides, rien n'annonce davantage la grandeur de celui qui a fondé cette maison, que St.-Cyr : tout y est grand, noble, et dans cette juste proportion, qui ne laisse rien à désirer; cependant, je trouve toujours que le nombre des élèves est beaucoup trop grand, et qu'il est impossible que l'on puisse former le cœur de trois cents enfans, et je ne connais rien d'aussi important en éducation; car que sont les connaissances, les talens, en comparaison des vertus : ce n'est pas que je prétende attaquer celles des élèves de Saint - Cyr ; il sort de cette maison en général des femmes pieuses et attachées à leurs devoirs. D'ailleurs dans cette maison tout s'y fait par tradition, et comme cette tradition est excellente, tout ce qui en est la suite, ne peut être que bon. Cette tradition est non-seulement dans la mémoire, elle est aussi dans les personnes qui gouvernent.

La supérieure actuelle, madame de Mornai avait été élevée par madame d'Aumale, amie de madame de Maintenon; ainsi tout l'esprit de cette femme extraordinaire passe de race en race et se conserve dans cet établissement si utile à la pauvre noblesse, et que rien ne remplacera parce que son esprit tient aux préjugés du temps. Pour que les demoiselles de St.-Cyr soient ce qu'elles sont, il leur faut la cour à leur porte, et vivant familièrement avec elle ; il leur faut ce profond respect pour la mémoire de madame de Maintenon qui a été pour elles reine de France, et dont les règlemens sont encore des lois comme du temps de Louis XIV et madame de Maintenon. Quant au salut qui se dit tous les jours, vous verrez les trois cents élèves en robe à longue queue, venir toutes saluer la tribune, où leur fondatrice se rendait autrefois, on est tenté de croire qu'elle y est toujours. Ce sont toujours, comme j'ai l'honneur de vous le dire, ses règlemens qui conduisent toute cette nombreuse jeunesse, et non contente de fixer le choix de leurs études, et de leurs travaux, elle s'est occupée de leurs récréations, et ce sont les conversations de madame de Maintenon qui exercent encore leur mémoire. Ces conversations sont des dialogues composés par la femme, sans en excepter madame de Sévigné qui a le mieux et le plus purement écrit sa langue : on croit la voir encore au milieu de ses filles sous ces antiques ombrages.

Ce que l'abbé de Verberie venait de dire à ma mère avait encore augmenté ma curiosité, et ce que je vis surpassa ce que j'avais imaginé. Oh! il est très-vrai que l'on croyait voir errer les âmes des fondateurs de cette maison, au milieu de cette nombreuse jeunesse. Elles vinrent toutes au-devant de madame Victoire, la saluèrent, puis se rendirent dans leurs différentes classes qui étaient distinguées par la couleur du ruban qu'elles portaient. La princesse donna récréation, et aussitôt les élèves se rendirent dans les jardins qui se trouvant au milieu du parc de Versailles, paraissent en avoir l'étendue, parce que l'on a ménagé des ouvertures dans les murs à l'extrémité des allées qui correspondent aux routes du parc. Ces ouvertures sont défendues par des grilles que l'on n'appercevait pas, et des fossés profonds, des massifs de taillis dérobent les autres parties du mur, de sorte que rien ne donnait l'idée dans ce séjour de la clôture qui n'est pas très-sévère sans que jamais, depuis l'établissement, il y ait eu dans ce nombre si considérable de jeunes personnes et de religieuses une seule aventure scandaleuse ; et cela ne pouvait être attribué qu'à cette fierté de sentiment que madame de Maintenon avait su inspirer à ses premières élèves.

Les demoiselles de St.-Cyr entrent à sept ans dans la maison et y restent jusqu'à vingt-un ans. Elles reçoivent en sortant, une rente viagère de trois cents francs en place de trois mille francs comptant qu'elles devaient avoir ; mais la pénurie des finances avait fait préférer de payer des rentes viagères, à donner de l'argent comptant, qui, à l'époque où Louis XIV les avait promis, pouvaient être regardés comme une dot. Par la suite, on pensa qu'une pension alimentaire était plus utile à des demoiselles, qui, en joignant à cette rente un travail peu fatiguant, pouvaient exister dans un convent de province, car elles se marient rarement, parce qu'elles sortent de St. Cyr, presque aussi pauvres qu'elles y sont entrées, fort peu au fait des détails domestiques, et c'est là le reproche le plus fondé que l'on pût faire à cette éducation. On ne leur trouve pas non plus de grâces, quoiqu'elles apprennent à danser entre elles ainsi que la musique. J'ai connu une religieuse qui avait été élevée à St Cyr; elle jouait de la basse avec une grande supériorité; mais il était difficile néanmoins de ne pas avoir envie de rire en voyant cette dame rejeter son voile sur ses épaules, prendre la basse dans les jambes, comme aurait pu faire Duport, et tirer, avec une grande hardiesse, son coup d'archet qui, quelquefois pourtant, s'embarrassait dans sa guimpe, et aurait pu trahir les attraits qu'elle renfermait; car elle était, à cette époque, jeune et belle ; et ses grands yeux noirs eussent fait nombre de conquêtes, si le voile et les grilles n'en eussent tempéré l'éclat.

Nous remontâmes en voiture, et on parla de tout ce que nous venions de voir : vous savez, dit l'abbé de Juvigni, les reproches que l'on fait à madame de Maintenon d'avoir choisi ce village pour y placer les élèves, disant que l'air et l'eau y sont mauvais, et que malgré les soins que l'on prend des dents des jeunes personnes, elles les ont, en général, presque toutes gâtées. On disait aussi qu'il y en avait plusieurs dont la taille tournait ; mais celles que j'ai connues démentaient ces préventions. Je me rappelle à ce sujet une plaisanterie : un père dont toutes les filles étaient bossues, en accusait l'air de St.-Cyr, où elles avaient passé leur jeunesse : une femme d'un esprit borné, lui demanda très-naïvement si son fils qui était fort contrefait, y avait été élevé.

J'avais surtout été frappé de l'habillement des demoiselles : il est triste, mais noble : des robes de cour d'une étoffe noire, ainsi qu'un long manteau rattaché par une ceinture de tresse de soie de même couleur, une collerette et des manches de cour de mousseline unie, un bonnet pareil, une croix d'argent soutenue par un ruban qui était comme je l'ai dit, de différentes couleurs suivant les classes. On ne mettait le manteau qu'à l'église, et lorsque la cour venait voir les élèves, ce qui arrivait souvent, surtout, mesdames qui avaient une affection particulière pour cette maison.

Est-il vrai que le Czar Pierre voulut voir cet établissement, et surtout la veuve de Louis XIV, demanda ma mère à l'abbé. — Rien de plus vrai, mademoiselle de Mornai, tante de la dernière supérieure de St.-Cyr, m'a raconté bien des fois les détails de cette entrevue comme la Beaumelle la rapporte; et rien ne nous amusait plus mon frère et moi, que d'entendre dire à cette dame qu'elle était présente à cette visite, parce qu'elle conservait des prétentions de jeunesse; et qu'en disant qu'elle se trouvait à St.-Cyr en 1717, nous étions à l'époque dont je parle en 1765, ce qui faisait plus de cinquante ans; mais elle retrouvait en place de quelques années de plus qu'elle s'avouait, un témoignage de beauté qu'elle prétendait que le czar lui avait donné : passant, disait-elle, près de moi, il me prit le menton et dit : ah! la jolie enfant ; on pouvait ajouter : elle a bien changé ; car elle était d'une figure peu agréable ; mais elle avait des manières qui rappelaient toujours la cour du grand siècle. Nous revînmes à Versailles, d'où nous partîmes peu de jours après, mon brevet ayant été expédié.

Raoult avait écouté peut-être avec plus de politesse que de plaisir les longs récits surles usages de la cour, il n'avait pas été fâché que Théodore fût parti pour Paris, pour savoir ce qui avait pu changer ainsi son estime, et il n'était pas près de l'apprendre. Cependant ce fut en sortant de déjeuner qu'il pria son ami de lui dire ce qu'il avait fait en garnison. Je ne partis pas le même jour. Laissez-moi donc vous parler encore d'Angélique.

CHAPITRE XXIV.

En arrivant à Paris, je me fis faire un uniforme; j'achetai un sabre, un casque, et je me crus un Turenne. Qui m'aurait dit alors : dans peu d'années tu auras non-seulement quitté le service, mais tu vivras dans une profonde solitude, m'aurait bien surpris. Quand j'y réfléchis, je me trouve si différent de ce que j'étais alors que je ne me reconnais pas moi-même; mais poursuivons et faisons passer encore sous vos yeux quelques tableaux qui contrastent plus encore avec mes sentimens du moment, que mon état actuel avec celui que j'avais alors ; mais qui me font encore sourire lorsqu'ils se retracent à mon imagination. Je voulus, comme il était d'usage à ce moment, faire mes visites d'adieux en grande tenue. Il y avait alors si peu de troupes à Paris, qu'un uniforme paraissait très-remarquable ; et pour peu qu'un officier fût jeune, et pas plus mal tourné qu'un autre, il aurait été certain de faire des conquêtes, si en même temps on ne se fût pas dit : il part demain ou après, ce n'est pas la peine : il n'en était pas moins vrai que l'apparition subite d'un jeune militaire dans un salon, effrayait les jaloux, et causait plus d'un regret à une jolie bourgeoise, plus d'un désir à la timide vierge. Je voulus donc profiter de mes avantages, et j'allai d'abord chez Angélique, j'arrivai précisément au beau milieu de la signature du contrat, qu'un confrère étranger, car le père n'avait pas voulu le rédiger, crainte que l'on ne l'accusât de favoriser sa fille, lisait à haute et intelligible voix ; tous les parens écoutaient avec une extrême attention, et ceux qui auraient dû y mettre le plus d'intérêt, ne s'en occupaient guère. Le traître de futur, assis sur un sopha près d'Angélique, tenait sa main qu'il serrait dans les siennes, et les yeux fixés sur les siens, lui exprimait le plus ardent amour auquel cette jolie personne paraissait répondre avec transport. Ce tableau d'un amour heureux, et que la vertu était au moment de couronner, me mit au désespoir. Hélas! peu d'années après, j'en connus tous les charmes; mais le bonheur d'Angélique était plus complet ; car elle avait l'assentiment de ses parens : il est très-certain que si j'étais venu au milieu de tous ces bourgeois (pour la plupart, mes parens) en habit de ville , quelque riche qu'il eût été, Angélique ne m'eût pas à peine aperçu : mais l'uniforme, rien n'y résiste. La belle accordée quitta la main de son futur, se leva, me salua, et me fit signe de venir la trouver. Je passai derrière le cercle des grosses perruques, et comme il y avait une place à côté d'elle , sur le sopha , elle m'y fit asseoir : la mine du futur était à peindre. Oh!femmes, que vous êtes quelquefois cruelles!—Vous partez donc, mon petit cousin ? Vous ne serez pas à ma noce! — Vous n'ignorez pas, lui dis-je à voix basse, que ce serait pour moi un supplice; elle rougit, le maître clerc ne put y tenir, il se leve.

— Où allez-vous? dit Angélique.

— Je ne veux pas vous gêner, mademoiselle, vous avez à causer avec monsieur; il se lève, me marche presque sur les pieds, en passant devant moi pour quitter sa place, et va s'asseoir à l'autre bout de la pièce. Angélique rappelée à elle-même, et qui aimait sincèrement M. Monjot, me dit : pardon, mon cousin ; mais je me sens mal à mon aise, il faut que je prenne l'air. — Quoi! Angélique, ne me serait-il pas permis de jouir des derniers momens !.....mais elle était déjà auprès de la fenêtre ; sa mère qui avait très-bien remarqué cette petite scène, et elle n'était pas la seule, l'appelle, la fait asseoir auprès d'elle, et, comme je n'étais pas loin, j'entendis qu'elle lui disait: il aurait bien pu se dispenser de venir ; cependant je restais, et plus cela tourmentait M. de Monjot, plus je jouissais de ma vengeance.

Enfin, l'ennuyeuse lecture finie, le notaire appela les parties contractantes, Angélique se hâta de prendre la plume ; le futur vint avec timidité, il sentait qu'il avait tort ; un doux sourire de son amie et bientôt son épouse, lui rendit toute son assurance, il signa : tous les parens signèrent et moi aussi, quoiqu'on ne me le demandât pas ; je remis la plume à mon père qui ne venait que d'arriver : le notaire réclama le droit qu'il avait d'embrasser l'accordée, moi comme un véritable fou, je m'élance pendant la grave embrassade du garde-notes, et saisissant Angélique dans mes bras, je dis : quoi ! ceux qui signent leur ruine n'auraient donc nul dédommagement, et je l'avais embrassée sur les deux joues avant qu'elle eût le temps de s'en défendre. Oh! pour le coup il y avait de quoi perdre contenance pour le futur : mon père, heureusement, fit tourner cette audace en plaisanterie, en disant que le casque me rendait fou. Il fit pour moi des excuses à M. Monjot, et ajouta : il part demain, il faut lui pardonner : ce mot était celui qui pouvait faire plus de plaisir au futur époux. On invita mon père à souper; mais comme il craignait que cela ne me servît de prétexte pour rester, il refusa, disant que ma mère était incommodée, et qu'elle lui avait fait promettre de revenir de bonne heure, et il assura qu'il se trouverait comme témoin à la cérémonie qui devait avoir lieu dans trois jours, me fit signe de le suivre, et nous sortîmes. Il retourna chez lui, moi je continuai mes visites : partout je fus fort bien reçu; mais je ne trouvai rien capable de me faire regretter autant Paris qu'Angélique, et jusqu'à mon arrivée à Valenciennes, elle occupa seule ma pensée, qui, je suis obligé de l'avouer, était alors bien volage; et en vérité je ne sais si je dois continuer ce récit. Raoult l'en supplia ; mais Théodore avait besoin de l'interrompre, et on remit au lendemain pour le suivre.

CHAPITRE XXV.

Que l'on se figure l'effet que produit sur un jeune homme la première parade où il se trouve. La garnison était nombreuse et des plus brillantes; presque tout ce qui composait l'état-major, riche et magnifique; les officiers des différens corps, grâce à l'uniforme, avaient tous l'air aisé, cependant personne ne paraissait plus opulent que moi. Ma mère avait mis un très-grand luxe dans mon équipage. J'avais un superbe cheval d'escadron, un valet à cheval, en veste d'écarlate galonnée en argent sur toutes les tailles, en tenait un autre en main qui ne le cédait point en beauté au premier. J'étais excellent écuyer, et rien n'annonçait en moi le fils d'un parvenu. D'ailleurs, on savait déjà dans le corps que j'étais spécialement protégé de madame Victoire, et que ma tante était une de ses dames ; puis on aimait assez, dans les régimens, avoir un fils de fermier général, il devenait le banquier du corps ; et quand un de ses camarades avait besoin de vingt-cinq ou de cinquante louis, il était sûr de les trouver. Je fus donc fort bien accueilli ; et un superbe déjeuner que je donnai le lendemain, me concilia l'amitié de tous mes compagnons d'armes.

Bientôt ils me présentèrent dans

les maisons les plus distinguées de la ville; je me rappelle, entre autres, la baronne de Verfeuille qui croyait ne pouvoir conserver son rang, qu'en ne changeant en rien les modes que sa mère avait portées. Elle ne quittait point la robe à plis, les manchettes à trois rangs, la pélerine de taffetas noir, un bonnet de dentelles, un steinkerque (1) pareil, du rouge, des souliers à hauts talons, et un éventail : elle allait se promener au mail avec sa fille, jeune personne de trente à trente-cinq ans, qui ne sortait pas encore seule, et qui attendait que madame sa mère ne fût plus pour épouser un chevalier de St.-Louis retiré du service, et vivant du revenu d'un vieil

---

(1) Fichu de dentelle frisé.

castel et d'une modique pension. Depuis quinze ans il soupire pour mademoiselle de Verfeuille ; mais madame la baronne ne le trouve ni assez riche, ni d'assez bonne maison pour prétendre à l'honneur de son alliance, lui et l'objet de son amour se sont soumis en apparence à la volonté de l'impérieuse baronne.

Le chevalier, après le refus formel qui lui avait été fait, a seulement demandé la permission de faire sa cour à la mère qui y a consenti. Elle croit bonnement que sa fille renoncera à l'hymen et augmentera, de la chétive portion qui lui revient dans la succession de ses parens, le bien de son frère aîné. Mademoiselle Olympe de Verfeuille, cache soigneusement son innocent amour, et n'en a fait confidence qu'à huit ou dix de ses amies, qui l'ont dit à autant d'autres. Toutes facilitent aux amans le bonheur de s'exprimer mutuellement leur tendresse, en les recevant chez elles dans les instans où la mère n'y est pas. Alors Olympe venait sous un prétexte ou sous un autre, avec une des femmes de sa mère qui est sa confidente, et l'heureux chevalier a alors le bonheur de baiser la main de son adorable maîtresse,

Rien n'était plus fréquent en province que ces longs et constans amours; quelquefois cependant il se trouvait des infidèles, alors la belle délaissée est plainte de toute la société. Ces événemens arrivent plus fréquemment dans les villes de garnison : mais revenons à la baronne. J'ai dit qu'elle allait au mail avec Olympe, à laquelle je m'amusai à faire ma cour, et au fait, pour son âge, elle n'était pas encore mal. Mon assiduité dans cette maison me mit à même de connaître les détails sur la manière dont ces dames passent leur vie. La mère me reçut fort bien : ma fortune, la faveur de la marquise de Marsac auraient apparemment fait consentir madame de Verfeuille à mon union avec sa fille, s'il eût été probable, pour elle et Olympe, que j'eusse eu pareille fantaisie. Je dirai plus tard ce qui m'avait engagé à paraître amoureux d'Olympe, qui, sans vouloir répondre à mes vœux qu'elle croyait sincères, en était flattée et jouissait avec orgueil de la jalousie qu'ils inspiraient au pauvre chevalier Egber.

Je me rendais donc à la promenade au moment où la mère et la fille s'y trouvaient. J'avais toujours quelques nouvelles de Paris qui m'étaient, disais-je arrivées le matin, et que je contais à la mère; pendant qu'elle en tirait des conséquences politiques avec le chevalier, j'adressais mille choses flatteuses à Olympe qui rougissait, baissait les yeux comme une adolescente.

Il est une heure, on rentre, le couvert est mis, le chevalier est un des convives le plus assidu ; car nous avons dit que la mère croyait qu'il n'était occupé que de lui rendre ses devoirs et ses respects. Pour le faire enrager, j'acceptais quelquefois d'être du dîner. Parmi ceux qui s'y trouvaient, il y avait, de fondation, un ou deux chanoines de la cathédrale, le président du présidial, l'attentif de la femme d'un capitaine de cavalerie, dont le mari était en garnison à cinquante lieues de la jeune et jolie femme qui croyait sa réputation à couvert, parce qu'elle était de la société intime de madame de Verfeuille, un poète qui, tous les mois, faisat imprimer deux ou trois chansons, autant d'énigmes et de logogryphes, qui faisaient les délices de la société de la ville; tous prenaient place à la table de la baronne et échangeaient son bon dîner contre des louanges à perte de vue.

Quant à moi, il faut bien, mon cher Raoult, que je vous dise en toute humilité ce qui me rendait assidu dans cette société, c'était la jolie Valentine, la femme du capitaine de cavalerie. On ne pouvait la voir que là, du moins je le croyais. Je n'avais pas été dupe des bontés qu'elle paraissait avoir pour le président : c'était un homme de quarante-cinq ans au moins, faisant le bel esprit, enfin le fat en robe, et en robe de présidial : peut-il y avoir rien de plus ridicule? Valentine avait trop d'esprit, trop de tact pour ne pas le sentir ; mais le président, je ne sais pas trop pourquoi, était l'ami de son mari, avec qui il avait été au collége. Ce respectable époux avait recommandé avant de partir, sa femme aux soins de cet ami, et avait supplié celle-ci de ne rien faire que d'après les conseils de son cher président.

Valentine ne suivit pas cet ordre à la lettre, car je ne crois pas que ce fut par son avis qu'elle me permit de venir le soir dans son jardin, par une petite porte, dont elle me remit la clef devant le pauvre président, et au grand détriment du mari, sans que le premier le vît, sans que le dernier en sût jamais rien ; mais il était très-essentiel que je parusse amoureux d'Olympe, pour pouvoir jouir de la société de Valentine, qui rendait très-rares nos conversations nocturnes; car elle avait toujours peur que le président en fût instruit et alors elle eût été perdue. Cette contrainte et le charme de sa conversation qui pétillait d'esprit, prolongeât mon ivresse pour elle, et il est bien certain qu'elle seule pouvait me faire supporter l'ennui des assemblées, seul temps dans la journée où je pouvais la voir.

Le dîner fini, on faisait une partie de trictrac, on lisait la gazette ou le mercure; moi je causais avec Valentine et Olympe jusqu'à l'heure de l'assemblée. Si elle devait être chez la marquise, on faisait bon feu dans le grand salon, et on disposait dix à douze tables de jeux, qui, en fort peu de temps, se trouvaient toutes occupées par des femmes dont la noblesse remontait jusqu'au quatorzième siècle, de vieux chevaliers de Malte, l'évêque, ses grands vicaires faisaient partie essentielle de la société. Mademoiselle de Verfeuille en lévite de satin, gorge de pigeon, un fichu menteur, coëffée en cheveux, droite et roide comme un piquet, présentait, les yeux baissés, les cartes, mettant tout son art à assortir chaque table, suivant la naissance et l'inclination des joueurs, ayant grand soin de se mettre de la partie où elle me destinait une place et dont était toujours Valentine et le président, qu'elle avait la charité de croire le mieux du monde ensemble. Parmi cette foule qui n'avait que peu de connaissance de ce qui se passait dans la capitale et encore moins dans l'Empire des lettres, il ne restait de sujet de conversation que des tracasseries de société. Tout en jouant, on médisait pour la plus grande gloire de Dieu, et on répétait ce que chacun disait vrai ou faux, c'était toujours une parole de plus ; qui travaille peu, parle beaucoup, et on juge si nos oisifs s'en faisaient faute. A dix heures, chacun se retirait, on soupait en famille et on recommençait ; car tous les jours cette assemblée a lieu ; que dis-je ; il y en a trois ou quatre par jour ;

la haute noblesse, la pauvre noblesse, les ennoblis où se joignent les gens de robe, puis enfin la bourgeoisie qui se consolait aisément des dédains des autres classes, par les plaisirs de la bruyante gaîté de leurs sociétés. J'allais quelquefois y voir de fort jolies personnes qui me traitaient très-bien, et mettaient moins de précautions que Valentine, à leurs rendez-vous ; mais je la préférais à tout, et ce ne fut pas sans un mortel chagrin, qu'il me fallut la quitter au bout de dix-huit mois de mon service, pour revenir à Paris où je ne fus pas long-temps.

Malheur à l'auteur qui voudrait peindre en détail la vie de garnison, elle est tellement la même dans tous les temps, qu'il lui serait difficile de dire rien de neuf. Théodore fit donc bien d'abréger et de nous ramener dans la bonne ville de Paris, malheureusement il avait dit qu'il y serait peu de temps, ce mot n'avait point échappé à Raoult, il en voulait l'explication, et il l'obtint : lorsqu'après avoir ensemencé un carré de son jardin, Théodore le conduisit sous la tente dont nous avons parlé.

CHAPITRE XXVI.

Ma mère qui ne devait pas, cette année-là, aller chez madame d'Hervilly, partit presque aussitôt mon arrivée pour Pomponne, terre dans la Brie, que M. de Legéville venait d'acheter, et où la famille d'Hervilly devait se rendre, ce qui me procurerait le plaisir de la voir, et de plus mon cher abbé Ramond qui fut aussi fort enchanté de se retrouver avec moi pendant quelque temps. La maison de madame de Legéville ne présentait pas les mêmes agrémens que le château d'Hervilly ; c'était trop près de Paris pour y jouir de la liberté de la campagne, d'ailleurs l'humeur austère du maître et de la maîtresse, éloignait ces innocens plaisirs que madame d'Hervilly réunissait autour d'elle, la chère Armande n'était pas faite pour y ramener la gaieté, on sait combien elle était compassée. Je n'avais donc d'autres ressources que mes longues promenades avec l'abbé et mes petits cousins, que leur digne instituteur faisait toujours tourner au profit de leur instruction ou au développement de la plus touchante des vertus, la bienfaisance. Rarement nous rentrions au château sans avoir porté, dans la cabane du pauvre, la consolation et l'adoucissement des maux que la misère entraîne.

J'allais aussi avec ma mère et mes tantes visiter les abbayes du voisinage ; nous commençâmes par celle de Chelles dont madame de Legéville connaissait la prieure. Rien n'était plus beau que cette maison dont la première fondation remontait à Clotilde, femme de Clovis. Elle l'avait mise sous l'invocation de St.-Georges. Elle fut rebâtie et considérablement augmentée par une autre de nos reines, et eut presque toujours pour abbesse des princesses de la famille royale ou des filles des premières maisons de France.

Je trouvai les bâtimens beaux, les jardins superbes ; le pays est un des plus agréables des environs de Paris; les religieuses y jouissent d'une honnête liberté, et la maison si richement dotée que l'on ne devait pas craindre la disette. Ma mère avait aussi connu la mère Radegonde, elle se fit donc un grand plaisir d'accompagner ma tante; et malgré ce que put dire madame de Legéville, madame de *** voulut que je fusse du voyage.

Arrivés à la porte de l'abbaye où on entrait ordinairement pour peu que l'on fût connus, ces dames sont fort surprises que la tourrière les prie de passer au parloir. — Vous voyez, ma sœur, que je vous l'avais bien dit, votre fils est cause que nous n'entrons pas. J'offris de retourner à Pomponne, ma mère ne le voulut pas : il sera temps, quand la prieure nous aura dit ce qui empêche qu'on ne pénètre jusqu'à elle. On nous avait ouvert un parloir; la mère Radegonde vint nous y trouver, et nous dit en entrant : excusez-moi, mesdames, si je vous reçois à la grille; mais on n'entre plus dans notre maison depuis un événement affreux, arrivé il y a huit jours. Ces dames s'informèrent avec intérêt de ce qui s'était passé d'assez extraordinaire pour que la clôture fut devenue tout-à-coup si sévère, et la mère Radegonde nous dit : une religieuse d'une autre maison que la nôtre avait eu des désagrémens dans son couvent ; elle obtint par la protection de madame l'abbesse de Chelles, la permission de venir demeurer quelque temps dans sa belle abbaye de Chelles; mais soit par méchanceté, soit pour ne pas laisser diminuer sa maison, qui depuis quelque temps n'était pas nombreuse, la supérieure de la religieuse la redemanda : la lettre arrive, et l'abbesse de Chelles anonce à son amie qu'il faut partir. Elle en conçoit un chagrin extrême, ses larmes ne tarissent pas. Notre abbesse, ainsi que toutes celles des couvents de France recevait, comme vous le savez, tout le voisinage, c'est-à-dire tous les gentilshommes des environs. Elle avait toujours à sa table huit ou dix personnes du dehors, et quelques religieuses favorites. Parmi les convives de ce jour-là, se trouvait un chevalier de St.-Louis, homme marié, et qui vivait fort bien avec sa femme dont il avait plusieurs enfans. Cette famille habitait un logement extérieur que l'abbesse lui donnait. Le père fut frappé de l'air de tristesse de la belle religieuse, et en demanda la cause à l'abbesse; celle-ci ne crut pas devoir la dissimuler au chevalier pour qui on avait beaucoup d'estime dans toute la maison. Il demanda d'entretenir un instant la religieuse, l'abbesse le lui accorda sans difficulté. Ils passèrent dans l'oratoire de madame, et y restèrent un quart d'heure. La religieuse parut plus calme, et la nuit même elle disparut avec son consolateur qui laisse sa femme, ses enfans sans fortune. On dit qu'il est passé, avec la religieuse, en Hollande, où ils seront obigés de travailler pour vivre,

Voilà qui est affreux, dit madame de Legéville, je voudrais que l'on put les rejoindre, et qu'elle fût punie avec toute la rigueur des lois monastiques. Pour moi j'en serais bien fâchée dit ma mère; car ces pénitences sont trop barbares; il y a peu d'années qu'on en a vu un terrible exemple dans un couvent, mur mitoyen de l'hôtel qu'occupait l'abbé de Biron, frère du maréchal,

Son sommelier étant allé à la cave pour tirer du vin, entendit des gémissemens sourds qui lui causèrent d'abord une grande frayeur, croyant que c'était un revenant; il remonte tout effrayé et raconte à ses camarades ce qu'il avait entendu. On descendit à la cave, le maître d'hôtel distingue que ce sont les accens d'une femme qui demande du secours; il s'empressa d'en rendre compte à son maître. L'abbé de Biron donne ordre que l'on aille chercher des maçons, et que l'on perce le mur : ce qui fut exécuté, et on entra dans un cachot où était une religieuse mourante. On vint en avertir M. l'abbé de Biron, qui ordonna qu'on employât tous les soins possibles pour la rendre à la vie et à la société. Des médecins furent appelés, ils la trouvèrent dans le plus triste état. L'humidité du cachot qui la renfermait depuis tant d'années, lui avait causé des plaies affreuses ; elles avaient rongé les chairs des jambes, carié les os, de sorte qu'elle ne pouvait plus se soutenir. On jugea qu'il ne fallait l'exposer à l'air extérieur qu'avec de grandes précautions. On lui fit d'abord dresser un lit dans le souterrain de l'hôtel ; le lendemain on la transporta dans un appartement que M. l'abbé de Biron lui avait fait préparer ; mais en vain cet homme généreux et sensible lui fit prodiguer tous les soins de la plus touchante bonté, c'était trop tard.

Cette infortunée avait épuisé ses forces dans cette longue continuité de douleurs et du plus complet abandon. Quelques soins que l'on prît, il fut impossible de la rétablir. Elle mourut peu de jours après être sortie de son cachot, pardonnant à ses ennemis, et priant M. l'abbé de Biron de ne donner aucune suite à cette affaire dont on n'a jamais su bien précisément la cause : on apprit seulement que cette victime d'un pouvoir tyrannique, était la fille d'un gros fermier de la Brie; qu'elle avait voulu se marier à un homme qui ne convenait pas au père : que celui-ci avait fait entrer sa fille de force dans le couvent ; mais ce qui avait porté l'abbesse à l'excès de barbarie dont elle en avait usé envers elle, voilà ce qui n'a point été connu, ou ne l'a été que des personnes qui n'en ont rendu compte à qui que ce soit. On pense bien que les religieuses avaient un grand intérêt à se taire ; car leur effroi fut sûrement extrême, quand elles virent qu'on avait enlevé leur victime : il y a à présumer qu'elles eurent recours à l'abbé de Biron, pour ensevelir ce crime qu'on aurait eu aucun avantage à faire connaître.

C'est un bien terrible événement, et dont j'ai peine à croire l'authenticité, dit la prieure. — C'est un témoin oculaire qui me la conté : mais ce qui est arrivé il y a quinze ans, dans une abbaye fort près d'ici, à Pont-aux-Dames, reprit madame de d'Hervilly, prouve bien la crainte qu'une pauvre recluse peut avoir de semblables châtimens. Cette anecdote, vous ne la révoquerez pas en doute, c'est, dit ma tante, la religieuse même qui y figure qui me l'a contée.

Une religieuse avait été forcée, par ses parens, à prendre le voile à l'abbaye de Pont-aux-Dames, et elle se trouvait très-malheureuse dans un état pour lequel elle ne se sentait aucun goût. Elle n'avait d'adoucissement à ses chagrins, que dans la société d'un gentilhomme des environs, qui, pour quelqu'argent avait obtenu la clef d'un parloir abandonné, où cette pauvre religieuse se rendait tous les jours pour causer avec son ami une heure ou deux. La chapeline, qui est celle dont je tiens l'anecdote de l'abbesse, se douta de quelque chose et suivit sa compagne sans qu'elle s'en aperçut, et au moment que ces deux amis se témoignaient leur pure et sainte amitié, la porte s'ouvre, l'impitoyable religieuse paraît, et accable sa compagne des reproches les plus humilians : la pauvre religieuse se jette à ses pieds, lui demande en grâce de ne pas trahir son secret. — Pour qui me prenez-vous, lui dit-elle : je garderais le silence, et je deviendrais complice de vos désordres, soyez sûre que madame le saura, et avant qu'il se passe deux heures.

La pauvre religieuse, au moment de quitter le parloir, assure son ami qu'elle l'aimera jusqu'à son dernier soupir, et comme il paraît tout craindre pour elle, elle lui dit, qu'elle ne redoute point les menaces de sa compagne. Madame fait dire à l'accusée de venir lui parler, on ne la trouve pas. Les recherches les plus exactes, et qui se prolongent une partie de la nuit, n'ont pas plus de succès. Enfin le lendemain matin on sonda les puits, une grande pièce d'eau qui était dans le jardin, et c'est dans ce bassin que l'on trouve cette infortunée ; elle s'y était précipitée en sortant du parloir, et pour rendre sa mort plus certaine, elle avait rempli ses poches de grosses pierres. Une jeune novice la voyant tirer de l'eau, livide et couverte de fange, en conçut un si violent chagrin qu'elle en perdit la raison ; heureusement pour elle qu'elle appartenait à des parens riches qui la retirèrent du couvent, la firent traiter avec les plus grands soins. Elle revint à son bon sens, et en eut assez pour ne pas se faire religieuse.

Quels remords dut avoir cette religieuse, dis-je à ma tante. — Elle croyait avoir fait son devoir. N'allez pas, reprit la prieure, en m'adressant la parole, imaginer que ces événemens soient fréquens; je vous assure qu'ils sont fort rares, et que toutes les abbesses ou prieures n'exercent pas un pouvoir tyrannique. Madame notre abbesse est la bonté, l'amabilité même : celle de Pont-aux-'Dames était excellente, et eut sûrement traité celle qui s'abandonna à un si criminel désespoir, avec infiniment d'indulgence. J'ai beaucoup connu, avant d'être religieuse, madame Lecoq, et voici ce que je lui ai entendu conter à elle-même, et son témoignage est digne de foi. Lorsque Diderot fit imprimer le drame connu sous le nom de Mélanie où on suppose qu'une fille contrainte par son père à prononcer ses vœux, se tua plutôt que d'obéir à sa volonté. On se persuada que c'était à l'Assomption que cet événement avait eu lieu. M. de Sartine qui était alors lieutenant général de police, vint dans le couvent, dont madame Lecoq était supérieure : il y fit les plus grandes perquisitions pour savoir s'il y avait un corps nouvellement enséveli, et on n'en trouva point. Le caractère respectable de madame Lecoq aurait dû éloigner d'elle un semblable soupçon ; car elle était incapable de se prêter à un tel abus de l'autorité paternelle ; c'était une fille d'un esprit supérieur. Elle se fit religieuse à vingt-cinq ans : belle, riche, aimable ; elle portait en dot à l'époux qu'elle eut choisi, le nom de Lecoq, si célèbre dans le parlement (1), avec la substitution de terres très-considérables. Elle dédaigna tous ces avantages pour embrasser la vie religieuse. Elle fut, presque aussitôt sa profession, nommée supérieure, et ses religieuses ne voulurent jamais consentir à ce qu'elle se démit de cette dignité qu'elle conserve encore.

La situation du couvent de l'Assomption, mur mitoyen du jardin des Tuileries, est charmante. Madame Lecoq en fait entretenir les

---

(1) Il y avait au château du Coq, qui appartient encore à son neveu, cette inscription : *Quand le parlement créa, le coq chanta*, 1346. Faisant allusion aux fonctions d'avocat-général, qu'un M. Lecoq, ancêtre de ceux-ci exerçait à cette époque.

bâtimens avec le plus grand soin, et embellir les jardins qui sont fort grands dans un quartier où le terrain est très-cher (1). Elle a fait planter des bosquets dans le genre anglais, pour varier la promenade de ses filles avec lesquelles elle vivait dans la plus parfaite égalité : elles ont pour elle un respect et une tendresse vraiment filiale.

Il semblait que la prieure avait cherché à éloigner de mon imagination les tristes pensées qui devaient naître de ce que l'on avait raconté au parloir en traçant le tableau des

―――――

(1) Aussi on s'en est emparé en 1791, comme de tant d'autres ; mais la révolution n'existait pas au temps où Théodore était à Pomponne : depuis il ignore tous ces événemens, ayant quitté toute relation avec les hommes en 1778.

vertus et des qualités aimables de madame Lecoq; elle ajouta que madame l'abbesse s'est chargée entièrement de la famille du fugitif. Les filles et la mère resteront ici sans qu'il leur en coûte un écu : le fils sera mis au collége, au frais de l'abbesse, et ainsi elle répare, autant qu'il est en elle, les torts de sa trop coupable amie.

CHAPITRE XXVII.

Raoult, malgré ce que Théodore ainsi que la prieure de Chelles pûrent dire pour effacer l'impression terrible de la pauvre religieuse mourante dans les cachots, et celle que le désespoir fit précipiter dans le flots, persista à dire que pour rien au monde il ne consentirait à ce que sa fille, s'il en avait une, se fît religieuse. Théodore dit que dans tous les établissemens humains, il y avait du bien et du mal. Le lendemain Raoult dit à son ami : est-ce que nous ne verrons plus que des religieuses ? J'en serais bien fâchée, et il entamma ainsi cette partie de son récit par ces mots :

L'hiver nous remena à Paris, et je ne pouvais plus y paraître comme un écolier, ayant plus de vingt ans. J'avais passé dix-huit mois en garnison, j'y avais perdu mon goût très-prématuré pour le mariage. Mon séjour à Valenciennes ne devait pas l'augmenter ; car je n'y avais pas rencontré un grand nombre de Pénélopes, et mes camarades m'assurèrent qu'il y en avait encore moins à Paris ; mais en même temps ils me vantèrent les charmes d'une société que je ne connaissais encore que de nom, celle des actrices, et je ne les avais vues que sur la scène. Je me promis de les connaître plus particulièrement ; mais il me fallut donner quelques jours à ma mère, rendre mes hommages à madame de Marsac, à la duchesse, suivre madame de *** à un triste souper chez madame de Legéville, j'allai même dîner avec mon père chez M. de Boissy ; j'y rencontrai madame Monjot qui déjà était mère d'un enfant, et prête à donner le jour à un autre. Ce n'était plus la jolie Angélique, sa taille était épaisse, son teint avait perdu la fraîcheur qui l'aurait disputée à Hébé ; enfin, je lui trouvai l'air d'une grave matrone, et je ne me sentis nullement disposé à troubler la propriété du garde-nottes ; car son beau-père lui avait cédé son étude, et passait presque toute l'année à Montmorency, où madame Tassin berçait ses petits enfans. Je respectais encore la simplicité de leurs mœurs; mais j'en avais entièrement perdu le goût. Aussi je me livrai avec fureur à la nouvelle société où mes camarades me livrèrent. J'avais vu mademoiselle Guimard sur le théâtre de l'opéra, et elle m'avait enchanté dans le ballet de Mirza. Je désirai de lui être présenté, elle y consentit : nommer mademoiselle Guimard ; c'était désigner la réunion de toutes les grâces et de tous les talens; car elle était très-bonne musicienne, et jouait la comédie à ravir ; aussi dans les ballets, pantomimes elle eut un succès prodigieux, non-seulement dans Mirza mais aussi dans le seigneur bienfaisant et le premier navigateur.

On peut juger de mademoiselle Guimard par l'épître que Marmontel lui a adressée, où il lui disait qu'elle était une femme charmante, surtout bonne et sensible; ce vers l'exprime en parlant des dons que le ciel lui avait prodigués, le poète dit :

> Dans son joli corset mit un cœur
> doux, humain.

Cette épître eut lieu à l'occasion de la manière dont mademoiselle Guimard se conduisit avec une de ses parentes. Cette femme, vieille et pauvre, avait été presque écrasée par un cabriolet. Le curé de St.-Roch, sachant que mademoiselle Guimard était la cousine de cette infortunée, vint voir la danseuse, et lui raconta le triste événement arrivé à sa parente. Elle fait mettre aussitôt les chevaux, et va chercher sa cousine dans son grenier, lui propose de venir chez elle, la pauvre femme ne demandait pas mieux. Mademoiselle Guimard la fit placer dans sa voiture, la ramena dans sa maison, en eut soin comme si elle eût été sa mère, et la garda jusqu'à sa mort.

Cependant, si je rends hommage à la sensibilité de mademoiselle Guimard, à son esprit, à ses grâces, je n'en suis pas moins certain qu'elle avait peu de moralité. Je me souviens de la fameuse fête qu'elle voulait donner dans le carême. On se faisait inscrire chez elle, moyennant cinq louis. Les plus jolies courtisanes de Paris devaient s'y trouver, et une loterie dont tous les billets portaient, assignait une de ces dames pour partenaire à celui qui aurait le numéro qui la désignait. Cette réunion immorale devait avoir lieu pendant la semaine sainte : on n'y mettait aucun mystère. M. l'archevêque en fut instruit, et alla droit en faire ses plaintes au roi. On sait combien Louis XVI avait de haine pour les mauvaises mœurs. Il fit venir aussitôt M. le lieutenant de police, et lui donna ordre de signifier à mademoiselle Guimard, que si elle osait donner sa fête, on la ferait enlever au milieu du bal, et conduire à la salpêtrière. Elle eut peur et écrivit à tous ses abonnés que M. l'archevêque ne voulait pas que l'on dansât dans la semaine sainte, et qu'ils étaient invités à retirer leurs enjeux ; tous, à l'exception de deux à trois qui furent regardés comme des ladres, laissèrent l'argent à la belle pour la consoler d'avoir été maltraitée par le magistrat, je le fus fort bien pour elle; mais je ne trouvais pas dans cette liaison d'autre plaisir que la vanité. Je cherchais inutilement un cœur où reposer le mien, et depuis six mois je ne faisais que satisfaire ma curiosité.

Ce fut ce désir qui me conduisit chez mademoiselle Arnoult que j'avais entendu vanter pour l'agrément de la société, et dont le nom se rattache à tout ce qui tient à l'esprit, surtout celui qui inspire des saillies brillantes. Elle avait reçu une très-bonne éducation, son père était riche dans son état, il tenait un hôtel garni près de la poste. Il avait deux filles, dont une mariée à un célèbre pharmacien, ayant remarqué dans l'autre un talent prodigieux pour la musique, et une grande étendue de voix lui firent prendre la résolution bizarre de la mettre à l'opéra, et prétendit qu'elle fût sage, en conséquence sa mère la menait et la ramenait du théâtre; mais elle ne put si bien veiller ce cher trésor qu'il ne lui fut enlevé. Le duc de Lauragais devint amoureux de mademoiselle Arnoult. Il saisit un instant où il la trouva dans les coulisses pour lui avouer son amour. On l'entendit avec joie, et tout fut bientôt d'accord entre lui et mademoiselle Arnoult; mais il fallait l'enlever. Elle couchait dans la chambre de son père et de sa mère. A minuit, quand tout le monde est retiré, on frappe à la porte de l'hôtel, c'était un lord anglais qui arrivait en poste. Les chevaux, la voiture, les gens, tous sont crottés à faire peur : on n'a pas arrêté depuis Calais, on veut un appartement, on est harassé, accablé de sommeil, M. Arnoult se lève pour donner des ordres. La mère se réveille un instant et se rendort. La jeune fille se lève, s'habille, et se glissant doucement dans la cour, se place dans la voiture que le valet du prétendu lord referme aussitôt.

Arnoult retourne dans sa chambre et ne s'avise pas de savoir si sa fille est dans son lit ou n'y est pas, il se couche et s'endort. M. de Lauragais, car c'était lui, se lève à la pointe du jour, dit qu'il ne peut pas rester plus long-temps, ne veut pas que l'on réveille le maître du logis, donne dix guinées pour la nuit, monte dans sa voiture où mademoiselle Arnoult l'attendait depuis plus de quatre heures : des chevaux de poste avaient été commandés dès la veille : ils arrivent, le duc part, mademoiselle Arnoult part avec lui, il la conduisit dans Paris même, à une jolie petite maison où il resta enfermé tout le temps que l'irrascible Arnoult cherchait sa fille pour la tuer, disait-il, mais au moins la faire enfermer. Il sut bientôt que l'un ne lui était pas plus permis que l'autre, et quand il voulut rendre plainte contre M. de Lauragais, on lui répondit, votre fille ne vous appartient plus, elle est à l'opéra : pourquoi l'y avez-vous fait entrer ? Et en effet, il existait, je n'ose dire, une loi qui ôtait toute surveillance aux pères et mères et même aux maris sur les femmes qui étaient de l'académie royale de musique. Cette loi, dit Raoult à Théodore m paraît bien contraire aux mœurs. —Elle n'avait pas toujours son effet, quand il se trouvait des hommes assez courageux pour la braver.

Dans le même temps que j'étais admis au souper de mademoiselle Arnoult, ce qui n'était pas une petite faveur, je trouvai un officier des gardes du corps qui nous conta l'aventure de madame de St.-Crix, femme d'un garde du corps, chevalier de St.-Louis, et fort bon gentilhomme : madame de St.-Crix était un très-mauvais sujet, et le pauvre mari ne sachant à quel saint se vouer, sollicitait une lettre de cachet pour faire enfermer sa femme: madame de St.-Crix l'apprend, et pour se garantir des poursuites de son mari, elle emploie le seul moyen qui lui restait. Elle avait une voix superbe et une très-belle figure, et surtout une taille admirable. Elle va trouver M. de Saint-Florentin, lui raconte ses malheurs, passe sous silence ses fautes, parle modestement de ses talens, le ministre veut en juger, sa beauté l'avait séduit, sa voix l'enchante, et pour la mettre à l'abri de la surveillance d'un époux incommode, il la fait de suite recevoir à l'opéra.

M. de St.-Crix en est instruit, il court chez le ministre, et ne peut être admis, il y revient quatre à cinq fois sans être plus heureux. Enfin, il déclare au suisse qu'à quelque heure que le ministre rentre il fallait qu'il le vît. M. de St.-Florentin revient chez lui, surpris de trouver un chevalier de St.-Louis l'attendant à une heure indue, pour des sollicitations : il lui demande ce qu'il veut. — Que vous fassiez, monseigneur, défendre à ma femme de paraître sur le théâtre ; car si elle ose s'y présenter, je la tue en plein théâtre et moi après. Il était homme à le faire comme il le disait. Le ministre le craignit, il expédia l'ordre qu'il lui demandait, et deux jours après, celui pour faire renfermer la dame à Ste.-Pélagie ; mais il n'en est pas moins vrai que si M. de St.-Crix n'eût pas mis cette fermeté, il n'eût pu éloigner de la société celle qui le déshonorait. En général, les mœurs des actrices de l'opéra étaient beaucoup plus mauvaises que celles des artistes attachés aux autres spectacles.

On citait en ce genre mademoiselle Deschamps, connue pour avoir ruiné tous ceux qui avaient eu le malheur de s'attacher à elle. Elle avait eu cependant un petit déboire dans sa vie. Elle s'était avisée, pour aller à Long-Champs, de faire faire des harnois de velours bleu avec des boucles de straz. Le lieutenant de police lui fit dire qu'elle pouvait sortir avec ce brillant équipage; mais qu'il la prévenait qu'il servirait à la conduire à l'hôpital, il fallut y renoncer.

Un homme de mes parens lui offrit douze mille francs pour obtenir d'elle quelques préférences ; elle lui répondit : eh! bon dieu, monsieur, cela ne serait pas suffisant pour mon déjeuner. Elle avait eu la valeur de plus d'un million de présents et se trouvait perdue de dettes. Elle imagina de faire une loterie de ses bijoux, elle fut aussitôt remplie ; mais tous ceux qui gagnèrent, lui renvoyèrent leurs billets. Elle mourut, laissant le mobilier le plus recherché : les femmes allèrent à sa vente, et comme elles se récriaient sur la cherté des objets que l'on vendait, mademoiselle Arnoult qui était-là, dit tout haut : on voit bien que ces dames voudraient tout avoir au prix coûtant.

CHAPITRE XXVII.

Théodore avait été fâché d'avoir rapporté le bon mot de mademoiselle Arnoult. En vérité, dit-il à Raoult, j'avais bien fait de me consacrer entièrement à la solitude. Je ne me souvenais de mes anciens égaremens, que pour les déplorer; mais en vous les racontant, il me semble qu'ils me deviennent présens, que je suis loin d'être mort au monde : en vain ai-je perdu tout ce qui m'était cher. Je suis convaincu que sans la résolution que j'ai prise de fuir la

société, je rentrerais dans la carrière.
— Vous la trouveriez bien différente.
— Mon ami, les hommes sont toujours les mêmes, à quelques nuances près. Et depuis Tamar qui recevait de Jacob son anneau, jusqu'à la brillante Deschamps, cette sorte de femme est toujours la même, il en est ainsi de toutes les classes : orgueil et intérêt serviront toujours de mobile à la multitude ; mais sans entrer dans cette discution, puisque j'ai commencé à vous peindre les mœurs de ma jeunesse, je ne puis passer une mode qui était bien singulière, parce qu'elle confondait tous les états, et le vice et la vertu, c'était la folie des wauxhalls. Allons nous asseoir sous ce saule-pleureur, au bord de la fontaine, nous y braverons les ardeurs du soleil qui est encore bien

haut, et Théodore et Raoult ayant un moment admiré ce bel arbre qui semble tendre les bras à la nymphe de la fontaine, plaignirent ceux qui ne savent pas jouir des charmes de la nature; et Théodore dit : le malheur des gens riches, c'est la satiété, et c'est à les tirer de cette maladie que tous ceux qui ont besoin de gagner de l'argent, s'occupent sans cesse. La beauté de nos grands spectacles, l'indécente gaîté des petits ne piquent plus l'indolence de nos sybarites. On imagina de les réveiller par du bruit et de la fumée. Jusqu'en 1770 on avait vu des feux d'artifice donnés au peuple dans les grands événemens, la paix, le mariage ou la naissance de nos princes: mais ces occasions étaient rares.

Un nommé Thoré imagina d'en

faire un spectacle, il construisit au milieu d'un cirque, des loges couvertes, on tirait un feu d'artifice dans le centre; mais ce n'était pas, comme presque tous ceux que l'on donnait alors, des fusées, des soleils, plus ou moins grands, des serpentaux, beaucoup de bruit, point de poëme, peu de décorations : aussi nos anciens feux d'artifice n'auraient pas été supportables souvent répétés. On avait vu dans les bals que l'on nommait champêtres, et qui s'ouvraient tous les dimanches et fêtes pendant l'été à St.-Cloud, à Sceau, au bois de Boulogne, des feux qui n'étaient que des bouquets tels que les écoliers en tirent aux fêtes de leurs professeurs,

Thoré prit un tout autre essort: rien ne fut plus magnifique que ses compositions pyrotechniques, elles attirèrent tout Paris; et ceux dont la continuité des jouissances avait relâché les fibres au point de ne plus rien sentir, furent secoués, mus de crainte par les explosions des bombes, les belles se serraient avec inquiétude près de leurs amis, lorsque le ciel en feu semblait revomir sur la terre celui qui lançait vers les forges de Vulcain, ou les bouches du Tartare dans la descente d'Enée aux enfers; car Thoré, homme du plus vaste génie, adaptait toujours aux grands effets du feu, des sujets tirés de la fable, qu'il rendait avec une vérité effrayante.

Ce genre entièrement nouveau en France, eut, comme je l'ai dit, le plus grand succès; mais par une imprévoyance dont Paris seul offre l'exemple, ce spectacle faillit avoir les plus graves inconvéniens. Ce cirque était au milieu d'une multitude de maisons (1) dont la plupart étaient bâties en bois et en plâtre. Une expérience de bombes que Thoré avait faite pour un des jours de spectacles, avertit enfin du danger, plusieurs ouvriers furent grièvement blessés. Le feu prit à un bâtiment voisin, il fallut les secours les plus prompts pour empêcher qu'il ne gagnât. La police effrayée du péril que ce quartier avait couru, défendit absolument à Thoré de donner des feux d'artifice ; mais il avait loué par bail l'emplacement de la salle, il y avait fait de grandes dépenses,

---

(1) Il était en face de l'endroit où l'on voit à présent le Château d'eau, boulevart du Temple.

et cette défense le ruinait. Il imagina de faire, à l'instar de Londres, un wauxhall dont voici l'ordonnance.

Une fort grande cour sablée, avec des décorations, imitant une galerie de chaque côté, menait à un péristile de l'ordre le plus noble, des degrés conduisaient à une salle circulaire, à peu près grande comme est celle de l'Odéon, sans le théâtre, sur laquelle était prise une galerie qui en suivait le pourtour. Cette salle était couverte comme la halle au blé, et éclairée par en haut, dans les angles du bâtiment qui était carré, on avait pratiqué un café et des boutiques où l'on vendait toutes sortes de frivolités. Un très-bon orchestre qui n'était guère entendu que des petites danseuses dont je vous parlerai, qui formaient des contredanses avec des garçons marchands, des clercs, de gens de lois qu'elles entraînaient autant qu'il leur était possible dans le chemin du vice où ces pauvres petites avaient été jetées par leurs infâmes parens ; et qui se trouvaient réduites à ne connaître plus d'autres moyens de subsister que celui de mettre à une faible rétribution ceux dont elles parvenaient à se faire distinguer un instant, jusqu'à ce que quelqu'un fût assez fou pour s'en charger entièrement. Quelques-unes dont la danse annonçait des dispositions, étaient enlevées par les directeurs des spectacles, et faisaient une sorte de fortune ; mais toujours aux dépends des mœurs

Il faut en convenir, le waux-hall était une invention assez mauvaise ;

sr cette réunion était un bal comme celui de l'opéra, point masqué, et cependant la licence y était presque aussi grande, la seule différence, c'est qu'on y disait à l'oreille ce que l'on dit tout haut au bal de l'opéra. On y arrivait sur les sept heures du soir : les femmes mises avec autant de richesses que d'élégance, rivalisaient avec les courtisanes qui les coudoyaient sans pudeur. La femme mariée paraissait publiquement avec l'homme pour lequel elle manquait au plus saint des devoirs, et rencontrait son volage époux, donnant le bras à la Duthé ou à toute autre fille célèbre par sa beauté et sa prodigalité; mais ils ne faisaient pas mine de s'apercevoir et passaient dans une autre galerie ou se perdaient dans la foule qui était insupportable.

Cependant il y arrivait des scènes fort plaisantes pour les spectateurs : les courtisanes s'enlevant là leurs conquêtes, comme on voit une adroite marchande de la galerie de bois, attirer dans son magasin les belles dames qui voulaient entrer chez une autre. La coquetterie paraissait au wauhall, dans sa pompe : quand on était las de tourner sans cesse autour de cette salle, on venait s'asseoir sous les galeries couvertes de la cour dont j'ai parlé. Le jour y était remplacé par une illumination en verres de couleur, si brillante que l'on avait peine à en soutenir l'éclat; jamais je n'en ai vu de si belle, et quand la soirée était calme, il faut convenir que rien n'était ravissant comme cette réunion des plus jeunes et des plus jolies femmes de

Paris assises en haie, couvertes de fleurs, de perles, de diamans, et jouissant de tous les plaisirs que pouvaient leur offrir la certitude de plaire. On y vit briller deux jeunes célibataires, l'une veuve, et l'autre chanoinesse : cette dernière portait, sur une robe blanche, un grand cordon bleu qui la faisait remarquer. Ces deux femmes étaient dans l'âge où la beauté est dans tout son éclat, la leur n'était pas régulière, mais l'éclat de leur teint, la beauté de leurs cheveux, de leur taille, l'élégance de leur parure, l'aisance et la noblesse de leurs manières, la vivacité, la gaîté qui régnaient dans leurs physionomies, dont aucune passion n'avait contracté les muscles, les rendaient l'une et l'autre très-séduisantes. Aussi étaient-elles environnées d'une foule d'admirateurs dont aucun ne se décidait entre elles, comme elles ne faisaient aucun choix parmi eux. Des années entières perdues pour les jouissances du cœur, en donnèrent de constantes à la vanité de ces dames dont je vous parlerai encore, comme ayant été un de leurs adorateurs et pas mieux traité que les autres.

Mais revenons aux petites danseuses : ce fut au wauhall qu'une de ces petites filles dont je vous ai parlé, joua au bailli d'Ormoise, à qui Dieu fasse paix et miséricorde, un tour sanglant. Il achetait à ces élèves de Terpsichore des bonbons, des rubans. Parmi elles il en avait remarqué une qui était jolie et belle tout à la fois, on la nommait Rose. et jamais nom n'avait été aussi analogue que celui-là l'était à la charmante petite danseuse qui pouvait avoir au plus dix à douze ans. En la voyant presque tous les jours, il s'attacha à elle, et lui qui avait tout au plus aimé un peu ses neveux, se sentit tout-à-coup des entrailles de père pour la jolie Rose. Il chercha sa mère, et ayant su qu'elle était dans la misère, il lui donna des secours que la chère femme, assez peu délicate, reçut sans s'informer des intentions du bienfaiteur qui déclara, peu de temps après, que voulant faire élever cet enfant, et qu'elle ne coutât rien à ses parens, il la prenait chez lui; il la confia à sa vieille gouvernante, et lui donna toutes sortes de maîtres dont la petite personne profita et devint fort aimable, et trop pour le repos du bailli, qui prit pour elle.

une passion violente, et cependant il respecta sa jeunesse, et se flattait d'obtenir de la reconnaissance qu'elle répondît à son amour. On n'ignorait point cette intrigue, et ses amis qui le rencontraient, ayant dans sa voiture cette petite personne, l'appelaient toujours le bréviaire couleur de Rose du bailli d'Ormoise. Mais pour vous donner une idée des mœurs de ce temps qui sont peu-être encore les mêmes de nos jours, je n'en sais rien. Cet enfant qu'un chevalier d'un ordre religieux avait élevé avec tant de soins, devinez ce qu'il en voulait faire. — Sa compagne. — La différence des âges eût rendu ce plan peu raisonnable ; mais enfin on aurait pu concevoir qu'un homme ayant quatre-vingt mille livres de rente, ne pouvant se marier, se passa cette fantaisie; mais non, il ne voulait point lui avoir donné des talens inutiles, et il prétendait qu'elle en tirât parti, et son amour-propre le faisait jouir d'avance des succès qu'elle aurait et qu'elle lui devrait. Il décida donc, dans sa sagesse, qu'elle serait danseuse à l'opéra : et j'ai vu et lu plusieurs lettres du ministre de la maison du roi, qui traitait cette affaire avec le bailli, et y mettait la plus grande importance, refusant l'admission de la petite personne au spectacle, parce qu'elle était encore trop jeune, que cela la fatiguerait et ferait avorter son talent.

Le bailli insistait, le ministre tenait ferme ; sur ces entrefaites Rose, qui s'ennuyait d'être sous la tutelle de son bienfaiteur, s'échappa un beau matin de chez lui, avec ses bijoux, ses parures et trente mille francs en or, qu'elle avait eu l'adresse de prendre dans son secrétaire. Qu'on juge du désespoir du bailli, quand il ne trouva plus son élève ni son argent : aussi sensible à la perte de l'un qu'à celle de l'autre, il tomba malade d'une maladie de langueur dont il mourut.

CHAPITRE XXIX.

Raoult que l'amour le plus malheureux et le plus tendre avait préservé de ces liaisons vénales, ne pouvait comprendre une si grande démoralisation, et l'aurait révoquée en doute, si ce n'eût pas été Théodore qui eût raconté cette histoire. Il n'en désirait pas moins d'apprendre encore quelques détails de ces mœurs qu'on dit avoir été perverties par la révolution. Je crois moi que depuis la régence, le mal était fait. Théodore qui avait peut-être plus de plaisir à raconter que Raoult à entendre, ayant arrosé ses œillets, s'assied un instant avec son ami, sous une tonnelle couverte de jasmin, et quand le soleil se fut retiré, ils prirent le chemin de la forêt, et en marchant il dit :

Thoré ne fut pas le seul qui eut un wauxhall. Ruggiéry qui s'était logé dans un quartier plus isolé que son antagoniste, obtint la permission de donner des feux d'artifice ; mais ils n'eurent rien de la pompe et du danger de ceux de Thoré. Comme ses jardins étaient très-grands, ses illuminations fort belles, on y alla assez pour faire beaucoup de tort à Thoré, pas assez cependant, pour que Ruggiéry se soutint sans y joindre différentes choses qui attirèrent le public, entre autres une loterie, dont le gros lot était un cheval et un cabriolet fort joli. Il fut gagné par une jeune personne qui eut le plaisir de s'en servir pour revenir chez elle. A cette époque, Ruggiéry, ou plutôt une compagnie qui fournit les fonds, fit construire une salle magnifique que l'on nomma le wauxhall d'été. On y avait fait construire une grande pièce d'eau où on exécutait des joutes, et souvent le feu d'artifice y était placé ; mais ce jardin était trop grand ainsi que le cirque. Il paraissait qu'il ne pourrait jamais y avoir assez de monde pour le remplir, et cet établissement, qui avait coûté fort cher, tomba fort peu de temps après, et il n'en resta nulle trace. Il était dans les Champs Elysées, en face de la rue de ce nom.

Il n'y eut pas jusqu'à la rive gauche de la Seine qui ne voulût avoir son wauxhall; car c'était alors une fureur. On construisit une salle sur le Boulevart du Mont-Parnasse; mais elle eut le sort de presque tous les établissemens de ce genre dans le voisinage du Luxembourg. Je ne sais par quelle fatalité ils ne peuvent avoir un succès complet. Le plus beau théâtre de la Capitale n'y a jamais été rempli; les habitans de ces faubourgs, s'ils sont riches, vont chercher les plaisirs dans le centre de la ville, et dédaignent ceux qu'on leur offre à leur porte; les autres sont, pour la plupart, ou savans ou dévots ou trop pauvres pour sacrifier le prix d'un billet d'entrée à un spectacle, et encore moins à un wauxhall aussi le cirque royal, dès l'ouverture, fut presque désert, et puis on n'y voyait que des figures de l'autre monde.

Cependant les jeunes femmes dont je vous ai parlé, voulurent se donner du plaisir de voir de près les bons habitans du faubourg St.-Marceau, endimanchés: c'étaient, comme ils sont encore, j'en suis sûr, des brasseurs, des tanneurs, des amidonniers, tous braves gens, qui, surtout, à cette époque, n'avaient pas une grande connaissance de la srciété avec laquelle ils se trouvaient peu en rapport, et je vais vous en donner une preuve.

Nos jeunes dames arrivèrent tard, car il y avait si loin depuis la place Vendôme où elles demeuraient jusqu'aux nouveaux Boulevarts, que les chevaux les plus vites, mettaient au moins une demi-heure pour y arriver. On avait mis sur l'affiche que l'anglaise serait dansée par un figurant de chez Nicolet, théâtre du grand Boulevart où le peuple se portait en foule. Les inséparables arrivèrent que l'anglaise était déjà finie : elles en marquèrent leurs regrets, et le directeur de la salle l'ayant su, en considération de ces dames et de l'essaim d'agréables qui les environnait, fit recommencer la danse demandée, et des bourgeois de la rue Mouffetard, se disaient, c'est tout simple qu'on l'ait dansée deux fois. Vous voyez bien que c'est une princesse, elle a le cordon bleu. Un autre, qui selon toute apparence était plus rapproché du monde civilisé, dit : eh! non, ce n'est pas une princesse. — Et qu'est-ce donc que le cordon bleu ? — C'est une chanoinesse. — Bon reprit une petite fille de neuf à dix ans. Ah! que c'est drôle, je ne savais pas que les chanoines avaient des femmes. Ces dames entendirent ces propos, ainsi que moi, et ils nous firent bien rire.

De tous ces cirques, wauxhalls, etc., il ne subsista pendant quelque temps que le wauxhall d'hiver, à la foire St.-Germain, qui restait ouvert toute la sainte quinzaine, et faisait par conséquent beaucoup d'argent dans un temps où il n'y avait que l'insipide concert spirituel et le combat du taureau.

Voilà, pour un homme qui a renoncé au monde, parler assez longuement de ces frivoles amusemens. Cependant il faut encore que je vous en entretienne un instant; mais ce ne sera pas pour ce soir ; le ciel est couvert d'étoiles, on les voit scintiller au travers des arbres de la forêt, et nous sommes à près d'une lieue de notre habitation, il faut convenir que pour des ermites cela n'est pas très-prudent, et ils hâtèrent le pas pour rejoindre leur demeure.

CHAPITRE XXX.

Ils étaient arrivés sans aucune aventure, il paraissait que la manière courageuse dont Théodore avait traité les brigands qui avaient attaqué Raoult, n'avait pas donné à leurs compagnons l'envie de revenir dans ce canton; car depuis ce jour on n'en avait aperçu aucun. Rentré paisiblement dans l'ermitage, après un repas qui, le soir n'était jamais très long, ils se livrèrent au sommeil, et à leur réveil les ermites pensèrent avec joie qu'ils passeraient la journée ensemble; car plus ils se connaissaient, plus ils s'attachaient l'un à l'autre.

Raoult qui aimait beaucoup les relations de Théodore, le fit souvenir qu'il lui restait encore à lui conter des anecdotes relatives aux fêtes et aux feux d'artifices. — Volontiers, et pour ne pas nous écarter autant qu'hier, nous resterons dans le verger, et ils s'assirent sur un banc placé sous deux cérisiers, arbre charmant qui réunit à un bois utile un feuillage agréable et un fruit dont la vive couleur rejouit l'œil autant qu'il flatte le goût, et Théodore reprit :

En vous parlant de Thoré, je vous ai dit que ces feux surpassaient tellement ceux des bals champêtres de Sceaux, de St.-Cloud, de Boulogne, que l'on ne pouvait les comparer ; mais ceux-ci offraient le charme de la promenade dans des bois délicieux. Celui de St.-Cloud avait toujours la préférence, ce château est le plus agréable séjour où la grandeur peut s'oublier pour jouir de la nature, il appartenait alors à M. le duc d'Orléans.

Je me souviens toujours qu'étant à une fête de St.-Cloud, je me trouvais avec ma mère et madame de Marsac, dans la loge de M. le chevalier de Mornai, gouverneur de ce château qui appartenait à M. le duc d'Orléans, ainsi que plusieurs dames parentes de M. de Mornai ; la reine, Monsieur et Mgr. le comte d'Artois y vinrent : sa majesté ordonna que nous restassions dans la loge, de sorte que me trouvant tout près de cette princesse, j'eus tout le loisir de la voir, et de remarquer de quelle manière elle était mise, je m'en souviens comme si c'était hier, son image m'est restée présente. Jamais je ne l'ai vue si jolie, et cependant rien n'était aussi simple que sa parure. Une robe en lévite de taffetas puce, un jupon blanc, un grand fichu de gaze sur le col, un chapeau de paille noué sous le menton avec un ruban blanc, composaient toute sa toilette, point de diamans, point de bijoux. Il était impossible d'être plus charmante, d'avoir plus de grâce et d'être plus simplement parée que ne l'était la reine ce jour-là; et on sait qu'elle préférait cette toilette à la magnificence que son rang la forçait d'avoir dans les momens de représentation, et encore dans cette occasion, préférait-elle les ornemens que Flore nous offre à ceux que l'on tire des entrailles de la terre.

Je me souviens qu'assistant à la messe dans la chapelle du château de Compiègne, j'y vis la reine en robe de pekin blanc, garnie en blondes et en fleurs de grenades naturelles, elle était belle à ravir, quelquefois elle se couronnait de fleurs céréales et on l'eût prise pour Cérès dont elle avait la blonde chevelure.

Jamais princesse étrangère n'avait été plus faite pour régner sur les Français. Elle fût née à Versailles quelle n'eût pas eu les manières plus françaises, elle était vive, gaie, légère comme une française; sensible, généreuse comme l'étaient (et j'aime encore à le croire), comme le sont toutes les femmes françaises distinguées par leur naissance et leur fortune. Comme elles, elle était capable de soutenir les plus terribles revers avec courage et dignité.......; Je m'arrête et je finirai par ce mot si connu de M. le maréchal de Brissac, gouverneur de Paris, lorsqu'il vint offrir à la reine qui faisait son entrée dans cette ville, les hommages des habitans de la capitale. Vous voyez ici, madame, dans tous ces hommes qui se pressent autour de vous, autant d'amans; et si cet ancien chevalier français exprimait ses sentimens en peignant ceux des parisiens : à en juger par mon cœur, je crois qu'il ne se trompait pas ; car je n'ai jamais connu de femme aussi séduisante que Marie-Antoinette.

Je passai tout mon sémestre dans une sorte d'enivrement, de plaisir qui commençait à me fatiguer, et je vis, sans regret, approcher le temps où j'allais rejoindre mon régiment. Je retrouvai à Valenciennes les mêmes intrigues, seulement la baronne de Verfeuille était morte, Olympe avait épousé son cher chevalier, et continuait à être liée avec Valentine qui me parut bien plus aimables que les courtisanes. Ses extrêmes précautions, en éloignant beaucoup trop nos rendez-vous, me donnaient le tort de lui être infidèle. Enfin que vous dirai-je, mon cher Raoult, toutes mes années, pendant plus de quatre ans, se ressemblèrent, soit à Paris, soit dans les différentes garnisons où se trouvait le régiment. En vain ma mère me pressait de me marier. La liberté, voisine de la licence, sous les formes que les gens de bonne compagnie savent y joindre, me convenait beaucoup mieux, à cet instant, que le joug du mariage dont j'avais perdu le goût, et renonçant aux jouissances que promet un amour vertueux, je ne connaissais plus d'autre Dieu que le plaisir; j'avais dépassé mon cinquième lustre de plus d'une année, quand il fallut encore aller commander ma compagnie; car madame de Marsac m'en avait fait obtenir une dans le même régiment où je servais : ce qui me contrariait, c'était d'être en quartier dans les environs de Blois où était l'état major, et qu'ainsi séparés par escadron, nous n'aurions plus ces brillantes réunions où on rivalise dans la manière de se procurer tous les plaisirs qui rendent, à ce que l'on croit, la vie délectable; mais la beauté du pays et le voisinage du château d'Hervilly me consolaient de ne pas me retrouver avec les belles qui m'avaient honoré de leurs bontés pendant mon séjour à Valenciennes, et dans d'autres villes. Je ne regrettais que Valentine, les illustres courtisanes ne la remplaçaient pas dans mon cœur, qui avait voulu inutilement prendre le change : il n'était pas fait pour des liaisons qui n'offraient que l'ombre du plaisir. Je me promis de vivre en philosophe, et de me livrer à l'étude de mon métier, à la littérature et au dessin, dont ce beau pays m'offrait l'occasion de m'occuper d'une manière intéressante. Je fis une ample provision de papier de crayon, de couleur, et de pinçeaux, et sans faire d'adieux qui n'eussent pas été assez tendres pour être bien reçus, si j'en excepte ceux à mon père et à ma mère, je pris la route de Blois, et je m'arrêtai d'abord à d'Hervilly où je fus reçu avec cette douce cordialité des cœurs vertueux.

Ma tante, son mari, ses enfans et le bon abbé Ramond s'empressèrent de me témoigner combien ils étaient charmés de me voir, je ne l'étais pas moins qu'eux. Il me semblait que je recommençais une nouvelle existence. Le désordre, de quelque beau vernis qu'il soit revêtu, laisse toujours l'âme dans un trouble qui la gêne, l'embarrasse, dont elle ne croit pouvoir se débarrasser, qu'en courant d'illusion en illusion sans jamais rencontrer le bonheur que la vertu nous présente, toujours au moins comme un espoir assuré et une récompense certaine de notre résignation à souffrir les peines de cette vie.

J'oubliais donc tout ce qui avait fasciné mon imagination depuis dix-huit mois, et je jouissais avec délices des témoignages d'amitié que mes parens et mon ancien instituteur me prodiguaient; mais enfin, il fallait rejoindre, et après avoir joui des douceurs d'une pure et sainte amitié, il fallut que je ressentisse les traits de l'amour qui devait faire le charme et le tourment de ma vie. J'avais cru quelquefois en avoir éprouvé les atteintes; mais combien je me trompais : mademoiselle de Marsac avait fait battre mon cœur avant que j'en connusse la cause; mais ce ne fut qu'un feu passager qui s'éteignit faute d'aliment. Il n'en fut pas de même d'Angélique, elle développa en moi les qualités aimantes ; je fus vraiment épris de ma belle cousine, si elle n'eût pas aimé son M. Monjôt, il eût été possible que ce sentiment eût été profond, parce qu'il avait l'estime pour base. Quant à Valentine, je la trouvais charmante : son esprit, la décence et la noblesse de ses manières me charmaient ; mais je ne pouvais me dissimuler que celle qui manque au plus sacré des engagemens, peut aussi bien rompre d'un moment à l'autre des chaînes plus légères, et l'homme est tellement créé pour un long avenir, que tout ce qui ne présente aucune stabilité ne peut satisfaire son âme immortelle. Je me souviens encore, avec plaisir, de Valentine, je désire qu'elle soit heureuse, et que rendue à ses devoirs elle fasse le bonheur de son époux; mais son existence ne fut jamais identifiée à la mienne.

Sophie, nom cher et sacré, rien n'a pu nous désunir, sa mort qui a condamné ma vie à la plus profonde douleur, n'a point relâché des liens que l'honneur et la religion avaient confirmés, mon âme, toujours unie à l'âme de Sophie, la rejoindra dans les célestes demeures, et qu'est-ce que le court espace du temps, quelque long qu'on le suppose en comparaison de l'éternité? Oui, Sophie m'est toujours présente, et semblable à l'homme qu'un voyage indispensable a séparé de sa famille, je hâte mes désirs, le terme qui me réunira à mon épouse, à mon fils. Je vais tâcher d'arrêter un moment mon imagination attristée par le souvenir des douleurs que nous avons souffertes, pour me reporter aux premiers instans où je vis et aimai ma Sophie : car l'un suivit l'autre immédiatement.

J'allais me rendre à Beaugency où était mon escadron, et qui se trouvait à huit ou dix lieues d'Hervilly, par un chemin de traverse. A moitié de cette route, est un village nommé Torigny où demeurait un des amis de monsieur d'Hervilly qui portait le nom de sa terre. Mon oncle était monté à cheval avec moi et se faisait un plaisir de me présenter à ses voisins, regardant leur maison comme un point de réunion entre nous.

Le château de Torigny se trouvait à quatre lieues d'Hervilly et autant de Beaugency. Ainsi, lorsque mon service ne me permettait pas de m'absenter assez long-temps pour me rendre chez ma tante, je pourrais la voir, et mes cousins qui commençaient à devenir d'aimables jeunes gens, chez madame de Thorigny. Ces dames s'aimaient beaucoup, et l'absence de la vicomtesse qui était aux eaux, m'avait empêché de faire connaissance avec elle, la première fois que j'avais passé avec ma mère six mois à d'Hervilly! mais j'en avais entendu parler comme d'une femme charmante. Elle s'était mariée très-jeune et avait eu deux enfans: un fils né dès les premières années de son mariage, et dix ans après, elle eut une fille qu'elle nomma Sophie, nom d'une sœur qu'elle avait tendrement aimée, et que le ciel lui avait enlevée. Le vicomte chérissait avec idolâtrie son fils, et vit, non sans peine, la naissance de Sophie; parce que la fortune venait du côté de la vicomtesse, beaucoup plus jeune que son mari; et il imaginait bien que cette mère aussi juste que tendre, partagerait également entre ses enfans; qu'ainsi son fils n'aurait guère plus de la moitié d'une fortune, montant tout au plus de vingt à vingt-cinq mille livres de rente, qu'il n'aurait pas trouvé trop considérable dans son entier, pour ce cher fils, qu'il s'était flatté de laisser seul et unique héritier de ses biens et de ceux de sa femme : au moins espérait-il qu'avant de mourir, il pourrait faire Sophie religieuse ;

mais la mère avait des projets bien opposés.

Elle avait regardé la naissance de Sophie comme un bienfait du ciel, et les dispositions d'une de ses tantes qui mourut sans enfans peu d'années après la naissance de mademoiselle de Torigny, ajoutèrent à la haine que le père portait à l'intéressante Sophie. Madame de Varbonsal institua, par un testament inattaquable, cette enfant, sa légataire universelle, de sorte que Sophie se trouva avoir quarante mille livres de rente, indépendante de la volonté de son père. C'est cette grande fortune qui me rendit si long-temps incertain, si je me livrerais à la passion qu'elle m'inspirait. Quelque riches que fussent mes parens, je craignais toujours que l'on ne confondît les motifs de ma demande avec ceux d'un vil intérêt. J'aurais voulu que Sophie n'eût rien qué les dons dont la nature l'avait pourvue, et que la fortune lui eût refusé les siens. Ce recit rappelle en moi un sentimens si vif qu'il m'entraine loin du temps dont je parle. Revenons au moment où j'arrivai à Torigny : le vicomte vint au devant de mon oncle, et celui-ci me présenta à lui : M. de Torigny fit accueil à M. d'Hervilly, et me reçut assez froidement. Je ne sais, il m'inspira une sorte d'éloignement dont je n'ai jamais pu revenir, malgré les raisons que j'eus bientôt de chercher à lui plaire.

Nous entrons dans un salon magnifiquement meublé, mais je ne m'en aperçus pas d'abord, je ne vis que la plus belle personne que j'eusse encore rencontrée, la modestie ajoutait à ses traits un charme que l'on ne peut exprimer. Elle brodait sur le même métier que sa mère, qui paraîssait beaucoup plus jeune que son âge, étant encore fort belle : l'accueil que me fit cette dame me parut bien différent de celui de son cher mari; il fut aussi gracieux que l'on pouvait l'attendre de quelqu'un que l'on voyait pour la première fois. Quant à Sophie, elle leva ses beaux yeux et les baissa aussitôt, et il me sembla qu'une légère teinte d'incarnat peignit ses joues dont l'extrême pâleur ajoutait à l'intérêt qu'elle inspirait; car elle lui donnait l'air mélancolique et souffrant mais de ces souffrances qui tiennent à des peines morales, et je ne sais ce qui me fit craindre aussitôt que l'amour n'en fût cause. Je l'avais à peine aperçue, et je tremblais qu'elle en aimât un autre; ainsi j'allais au devant des douleurs que l'amour que je ressentais déjà pour Sophie devait me causer.

Mon oncle s'approcha de madame de Torigny, lui demanda ses bontés pour moi, et voulut bien ajouter que j'en étais digne, c'est le fils de madame de ***, sœur de ma femme. Nous l'avons eu, il y a bientôt quatre ans, à la campagne, pendant six mois, et il est impossible de se mieux conduire. Monsieur, dit la vicomtesse, a une physionomie heureuse, et qui trompe rarement ; je ne répondis que par une profonde inclination. Qu'aurai-je pu dire qui ne m'eût trahi : je n'étais occupé que de trouver ce rival que je redoutais, bien résolu à lui disputer une si précieuse conquête. Hélas! ces obstacles ont été moins redoutables que celui qui s'opposait à mon bonheur, et qui était la cause de la tristesse de Sophie, tristesse si opposée à son caractère, qu'elle altérait sa santé et avait effacé les roses de son teint pour n'y laisser subsister que la blancheur du lis qui contrastait d'une manière frappante, avec ses beaux cheveux noirs, ses yeux et ses sourcils de même couleur : son profil rappelait les beautés grecques, ses dents étaient belles, bien rangées, sa taille parfaite, sa main, son pied divin ; enfin c'était la plus belle enveloppe d'une âme bien plus belle encore. La grande fortune qui lui appartenait avait donné à sa mère la possibilité, quoiqu'elle ne quittât pas la campagne, d'avoir pour sa fille les meilleurs maîtres. Elle faisait offrir à Paris à des artistes habiles, mais peu fortunés, un traitement suffisant pour qu'ils pussent subsister agréablement à Blois où ils trouvaient en outre, des écoliers. Elle mettait un cheval à leur disposition, le fermier était chargé de le nourrir; ainsi ils venaient alternativement d'un jour l'un à Torigny, où ils trouvaient un excellent diner, et les égards qui flattent plus que l'argent. Par cette méthode, Sophie avait tous les maîtres d'agrémens qu'elle aurait pu avoir à Paris et presque aussi bons.

Madame de Torigny enseignait à sa fille l'anglais et l'italien qu'elle possédait comme sa langue. L'abbé de Pontorçon, ancien jésuite, parent du vicomte, avait été chargé de l'instruire des vérités du christianisme; et comme il était, ainsi que presque tous ceux de son ordre, très-bon littérateur, il continuait à diriger ses lectures, et à lui donner cette pureté de langage qui ne s'acquiert que par l'étude de nos grands modèles. Tout avait concouru aux succès d'une éducation si parfaite; et que la vicomtesse avait su rendre aussi essentielle qu'agréable, en faisant partager à sa fille les soins intérieurs de sa maison, et en lui donnant des connaissances d'agriculture qui lui feraient apprécier le mérite des fermiers qui cultiveront ses terres, et la détermineraient, soit à les garder, soit à en prendre d'autres, quand il ne resterait aucun moyen de les engager à mieux faire par la suite.

Ce qu'elle avait le mieux appris

de son aimable mère ce fut de se faire adorer de tout ce qui l'entourait. Enfin la nature, la fortune et l'amour maternel avaient tout fait pour le bonheur de Sophie, et Sophie était malheureuse, son cœur aimant ne cherchait qu'à s'attacher, et quoiqu'elle aimât sa mère à l'adoration, il lui restait encore le besoin d'aimer et de l'être d'un père et d'un frère, qui, par les qualités extérieures du corps et celles de l'esprit, étaient faits pour plaire aux étrangers, bien plus encore à une fille, à une sœur qui s'était sentie portée, dès les premiers momens où elle avait eu quelques connaissances, à aimer ce père barbare, qui la haïssait en proportion de ses talens, de sa beauté, de ses vertus, parce qu'il regardait ses dons comme autant de moyens de la faire rechercher par un homme digne d'elle. Quant à son frère, elle n'avait à se plaindre que de son indifférence qui l'abandonnait entièrement aux projets injustes de son père.

M. de Torigny ne put faire autrement que de m'inviter à dîner et même à coucher chez lui, puisque j'étais avec le mari de la meilleure amie de sa femme. On se mit à table peu de temps après notre arrivée ; ces dames firent les honneurs du repas avec infiniment de grâces. Après le dîner, mon oncle demanda à Sophie s'il n'aurait pas le plaisir de l'entendre sur le piano. Son frère, qui était fou de la musique, se hâta de tout préparer, et me demanda si je ferais ma partie, volontiers, lui dis-je, et j'accordai le violon qu'il me présenta : je ne sais comment je pus mettre quelque exactitude dans mon exécution, tant j'étais charmé de celle de mademoiselle de Torigny. Le frère eut alors avec moi des manières plus amicales. Je dis : Orphée, prête-moi ta lyre, que je l'attendrisse ; car il paraissait n'être sensible qu'aux effets de l'harmonie. Le souper interrompit le concert ; l'on joua ensuite un vingt-et-un. Nous nous retirâmes assez tard, pour des gens qui devaient partir avec le jour. Comment se séparer de Sophie quand on l'a vue un instant. Personne n'était levé dans le château quand nous partîmes : M. d'Hervilly pour retourner chez lui, moi pour aller à Beaugency.

Sophie venait d'avoir dix-huit ans : plusieurs partis considérables s'étaient présentés pour elle, et son père avait trouvé le moyen de les écarter avec d'autant plus de facilité que Sophie ne les aimait pas et qu'ainsi elle et sa mère ne leur donnaient nulle espérance ; le Vicomte avait fait adopter à son fils (qu'hélas! je n'ai puni que trop sévèrement le second des torts de son père) le plan de forcer Sophie à se faire religieuse, et M. de Torigny inventait chaque jour quelque moyen de lui rendre le monde insupportable : mais tant qu'elle conserva sa mère, elle trouvait dans le cœur de la vicomtesse tant d'amour, de douceur, de complaisance, que vivre près d'elle avait été jusque là son unique désir, et il était difficile de forcer ces deux anges à se séparer. Alors le Vicomte avait changé de plan, et bornant tous ses soins à empêcher que Sophie ne se mariât ; il avait supposé qu'en atteignant sa majorité (1), il la forcerait bien, fallut-il employer la terreur, à signer une donation pleine et entière de ses biens personnels et de sa part dans la succession à venir de ses parens, à son frère, ne se réservant qu'une pension viagère de dix à douze mille livres de rentes. D'après ce nouveau plan, on ne parlait plus autant de la forcer à prendre le voile, et il y avait quelque tranquillité dans la famille. Mais ma présence y ramena le trouble : je ne sens que trop, à ce souvenir, celui qui s'élève dans mon pauvre cœur. Rentrons cher Raoult, je ne pourrais continuer.

---

(1) Elle n'était alors qu'à 25 ans accomplis.

CHAPITRE XXXI.

Le souvenir des malheurs de Sophie, des siens, avait troublé le repos de Théodore ; il eut un peu de fièvre, et il ne sortit point de sa chambre. Se trouvant néanmoins plus calme, il proposa à Raoult de continuer à l'instruire de ce qui l'occupait si vivement encore. Raoult l'assura que si cela ne le fatiguait pas, il ne pouvait lui faire plus de plaisir.

Je ne sus que long-temps après, dit-il, les tristes détails que je vous ai rapportés hier, et je conservai, presque tout celui que je restai aux environs de Torigny, l'idée que Sophie aimait, que l'objet de sa tendresse était absent, et que c'était là ce qui causait sa tristesse. Cependant j'avais cru quelquefois m'apercevoir que son front devenait plus serein quand j'arrivais, qu'elle voyait avec plaisir ceux de mes dessins qui représentaient les environs de Torigny. J'avais peint son chien chéri ; elle avait accepté, avec le consentement de sa mère, l'hommage que je lui en fis. J'avais écrit au bas : *toujours fidèle* ; et ce n'était pas du chien que je parlais : et en effet, je l'étais au-delà de ce que l'on imagine, que peut l'être un capitaine de dragons. Uniquement occupé de l'objet de mon amour ; mes camarades ne pouvaient concevoir une si excessive réserve : je passais auprès des plus jolies personnes de Beaugency et des environs, sans avoir l'air de m'en apercevoir. On me faisait de mauvaises plaisanteries : on m'appelait le chaste Joseph. On contait une anecdote vraie ou fausse, qui attestait ma résistance à l'égard de la femme du procureur fiscal de la ville, qui, disait-on, s'en était plainte à sa sœur; celle-ci en avait parlé à son mari; et de proche en proche, on assurait qu'il était resté, dans les mains de la Dame, une partie de mon vêtement. Je répondais : qui prouve trop ne prouve rien. Mais, au fait, je rejetais tout ce qui se fût trouvé entre Sophie et moi, parce que Sophie était seule capable d'occuper les facultés de mon âme.

J'allais, malgré l'humeur du père et la froideur du fils, quand nous ne faisions point de musique, assez souvent à Torigny, et la vicomtesse m'y recevait très-bien. Quelques-uns de mes camarades voulurent me faire croire que cette femme, dont la vertu ne s'était pas démentie un moment, avait daigné penser à moi. Je fus indigné, pour elle-même, d'une semblable calomnie. Je proposai de soutenir, par le fer, la vertu de la mère de celle que j'adorais. Deux ou trois affaires dont je me tirai assez bien, en ôtant quelques palettes de sang à nos faiseurs d'anecdotes scandaleuses, ne leur donna pas l'envie de s'exercer davantage sur la belle et vertueuse madame de Torigny. Comme je m'imposais aux vaincus d'autre peine que de se taire, ces prétendues rencontres ne furent pas connues au château de Torigny, où je continuais à aller, pas autant que je l'aurais voulu; mais le père et le fils me faisaient si mauvaise mine, que ne voulant me battre ni avec l'un, ni avec l'autre, je ne pouvais leur rompre en visière, en venant trop souvent voir Sophie et sa mère : quoique celle-ci parût, par ses manières avec moi, encourager une démarche que je n'osais risquer, dans la crainte qu'elle ne me fermât les portes de Torigny.

A l'automne, toute la famille se réunit à Hervilly : le vicomte, sa femme et sa fille y vinrent. C'était bien là l'instant de me déclarer. Mon père et ma mère trouvaient Sophie Charmante. M. de *** m'offrit d'en faire la demande ; mais je le priai d'attendre encore un peu, que je voulais, avant, savoir si Sophie n'en aimait pas un autre ; car pour moi, son extrême retenue ne m'avait pas permis de lire dans ses regards, si elle m'aimait ou non. La seule chose qui eût pu me donner quelque espérance, c'était, connaissant l'étroite union qui existait entre la fille et la mère, de voir celle-ci traiter, avec beaucoup d'égards, Madame de ***, et lui témoigner le désir qu'elle vînt à Torigny, me devait faire croire que je ne lui étais pas indifférent. Mon père et ma mère qui désiraient ce mariage, m'en faisaient l'observation; mais je répondais : il y a à présumer que l'homme, qui a été assez heureux pour toucher le cœur de Sophie, ne convient pas à ses parens : et voilà pourquoi sa mère cherche les moyens de l'en détacher ; elle a peut-être pensé que j'y parviendrais, mais elle se trompe. Sophie ne me traite pas mieux que le premier jour où je l'ai vue, et elle me tient toujours à une si grande distance d'elle, qu'il m'est impossible de trouver un moment favorable pour lui déclarer mon amour, et apprendre d'elle si je puis la demander à ses parens, sans lui déplaire ; car je la vois si mélancolique, que je crains d'ajouter à ses peines, en faisant une proposition que peut-être son père et sa mère agréeraient, et à laquelle son cœur ne pourrait répondre. D'ailleurs j'observai à mon père que si l'amitié de madame de Torigny pour ma tante l'engageait à me bien traiter, il n'y avait aucun doute qu'il n'en était pas de même du père et du frère, dont la hauteur me serait insupportable, si ma passion pour Sophie ne m'engageait point à dissimuler le mécontentement que leurs manières me causaient, et qu'il serait possible qu'ils nous refusassent, comme ils en avaient refusé d'autres d'une naissance au-dessus de la nôtre, parce qu'il paraissait que, vû la fortune indépendante de leur fille et de leur sœur, ils portaient très - loin leurs prétentions. On assure qu'ils veulent qu'elle ait le tabouret chez la reine, et en effet, c'était ce que ces Messieurs disaient pour cacher leur complot; et depuis six mois que je venais très-souvent à Torigny, je n'avais pu le pénétrer, et je mettais sur la compte de l'orgueil et de l'ambition, ce qui n'était dû qu'à un sordide intérêt. J'empêchai donc mes parens, même ma tante, de faire aucune démarche : je craignais celles qui m'enlèveraient tout espoir, et m'ôteraient la possibilité de voir l'objet de mes plus chères affections. L'adorer en silence, espérer qu'un jour je parviendrais à lui plaire, suffisait pour supporter mon sort sans murmurer. Mais s'il fallait renoncer à la voir, je ne répondais pas des effets de mon désespoir, dont je ne serais peut-être pas seul victime; car n'ayant plus rien à ménager, ce serait à son frère que je m'en prendrais.

Mon père fut tellement effrayé de ma résolution, qu'il m'engagea à chercher à me guérir d'un amour qui me rendrait malheureux. Hélas! il avait bien raison ; mais comment avoir connu Sophie et en aimer une autre ! c'est impossible. Seulement je dissimulai à mon tour.

J'avais éprouvé avec d'autres femmes, qu'un des plus sûrs moyens d'obtenir l'aveu de leur sentiment, était de piquer leur jalousie. Je feignis d'être sensible aux attraits d'une nièce de M. de Torigny, qui passa l'hiver chez son oncle : c'était une petite personne fort jolie, un peu coquette, et qui, ayant peu de fortune, trouvait que je lui conviendrais fort comme époux. Mes attentions pour elle changèrent entièrement la face de mes affaires au château de Torigny. Le vicomte, qui avait autant d'envie de marier sa nièce, qu'il désirait que sa fille gardât le célibat, me fit alors beaucoup meilleure mine, et son fils me marqua presque de l'amitié, me parla avec confiance d'un très-grand mariage qu'il était au moment de faire, et me dit qu'il espérait bien que je lui ferais l'honneur de le venir voir lorsqu'il serait marié; me demanda si je ne pensais pas aussi à m'établir : je lui répondis d'une manière évasive. Je ne voulais pas qu'il m'arrachât mon secret, et encore moins parler comme réel de mon faux amour pour sa cousine. Il partit peu de jours après, pour voir les parens de celle dont on lui avait parlé. Je désirais qu'il fît un mariage fort riche, qui aurait dû lui donner moins d'âpreté à se saisir de la fortune de sa sœur; mais l'avarice est insatiable. Posséder, pour d'un avare, est une raison de vouloir posséder encore. D'ailleurs je ne sais ce qui suspendit cette affaire; mais il n'épousa cette personne que plus de deux ans après : aussi les persécutions du père n'en devinrent que plus fortes; les agaceries de Rosalie plus directes. J'avais l'air d'y répondre; qu'y gagnais je? Madame de Torigny fut plus froide avec moi; sa fille n'en fut ni plus ni moins réservée, et je n'eus que l'embarras de soutenir un rôle qui me fatiguait beaucoup, parce qu'il était opposé à la vérité de mon caractère.

Rosalie, qui s'ennuyait fort chez son oncle, parce que ses manières ne convenaient guère à la mère et à la fille, proposa de jouer la comédie. On envoya des rôles aux jeunes d'Hervilly, et il fallut bien que madame et mademoiselle de Torigny en acceptassent chacun un. On joua la Gouvernante de la Chaussée, pièce dont le genre larmoyant était à la mode ; et les Fausses Infidélités. Toute la société des environs se réunit à Torigny, où on avait fait construire un théâtre. Sophie, dans la première pièce, déploya tant de talent, de sensibilité, jointe à une parfaite décence, qu'elle enleva tous les suffrages. Sa cousine eut des succès ; mais cependant il était aisé de voir qu'on l'a trouvait bien moins bonne actrice que Sophie. Dans la seconde pièce, celle-ci eut le même avantage, et je crus apercevoir, dans quelques passages de son rôle, qu'elle devinait mes sentimens, et qu'elle ne croyait pas que, de bonne foi, je lui préférasse sa cousine ; et je ne cache point que je fis l'impossible pour trouver, dans mon rôle, le moyen de lui exprimer, sans crainte de la compromettre, toute la vivacité de mon amour.

Cette journée, où Rosalie se flattait d'avoir de grands succès, ne lui en procura que fort peu, et prouva à Sophie que, malgré les apparences, je lui étais toujours fidèle. Madame de Torigny me traita mieux, et heureusement j'y mis assez d'adresse pour que le vicomte n'en fût pas désabusé.

CHAPITRE XXXII.

Nos amis attendaient, sous peu de jours, le curé de Cousance; il venait faire part à Raoult de son opinion sur le parti qu'il croyait le plus convenable pour lui. Théodore l'attendait avec crainte, car être séparé de Raoult lui paraissait un si grand malheur, qu'il ne concevait pas comment il pourrait y résister. Cette idée lui fit désirer de terminer le récit de ses malheurs; car comment pourrait il s'en occuper, quand il lui faudrait se dire : sous peu de jours mon jeune ami m'abandonnera, et je resterai condamné à la triste solitude dont je ne pourrai plus soutenir la pensée, sans une crainte pusillanime.

Il emmena donc son ami au bord d'un petit étang qui se trouvait au milieu de la forêt. Cet étang était abandonné, et il s'y trouvait quelques beaux poissons que l'on n'avait pas pêché. Les solitaires emportèrent les lignes dormantes, une truble et des appas; et, après avoir disposé tout ce qui pouvait leur assurer une bonne pêche, ils s'assirent au pied d'un vieux saule resté seul d'une plantation que l'on avait faite de ce arbre fleuvial au bord de l'étang, et Théodore reprit ainsi :

Je passai les dix-huit mois que le régiment resta en quartier, dans la pénible incertitude si j'étais ou n'étais pas aimé. Une seule chose parut fixer mon sort. Madame de Torigny, me trouvant seul dans le salon, me dit : Théodore, car elle avait avec moi la familiarité de l'amitié et la supériorité des années, pourriez-vous me dire : premièrement, quelles sont vos intentions pour la nièce de mon mari ; l'aimez-vous, ou vous êtes-vous cru obligé, par une politesse d'usage, de le lui faire accroire? parlez-moi avec la franchise que doit avoir un soldat : la vérité m'intéresse ; et, quelle qu'elle soit, je veux la savoir ; et je vous demande en outre de ne parler jamais de cette conversation. Je le lui jurai, et j'ajoutai : la bonté que vous avez, madame, de m'interroger sur mes sentimens à l'égard de mademoiselle

votre nièce, ne me permet pas de vous les dissimuler. Je trouve l'aimable Rosalie fort jolie, fort aimable. Le lui dire m'a paru un hommage qui lui était dû; mais jamais je n'y ai ajouté l'aveu d'un sentiment que je ne ressens pas pour elle; peut-être ai-je eu le tort.....
— Je vous entends, mon cher Théodore, ne m'en dites pas davantage : je ne puis en apprendre plus. Elle me quitta : et depuis ce moment jusqu'à mon départ, elle me témoigna beaucoup plus d'amitié, et je fus plus froid avec Rosalie, qui m'en parut piquée. Un mois après mon départ elle épousa un colon qui l'emmena en Amérique, et je n'ai pas su depuis ce qu'elle était devenue.

Le moment où il a fallu quitter

Torigny me parut le plus cruel de ma vie. Je voulus parler à la vicomtesse ; elle mit sa main sur ma bouche, et me dit : rapportez-vous-en à mon amitié.

De retour à Paris, il s'était fait une telle révolution dans ma manière de sentir, qu'il ne me fut plus possible de revoir les anciens compagnons de mes faux plaisirs. Je ne cherchai point à les faire souvenir de moi : il est aisé à Paris de se faire oublier. Aussitôt mon arrivée je me livrai à la littérature, aux arts. Je m'occupai surtout de la peinture ; je me liai avec les artistes les plus célèbres, entre autres Vernet, dont les admirables compositions firent si long-temps au salon, comme le disait en riant un de ses admirateurs, la pluie et le beau temps. Il joignait au plus grand talent une urbanité qui le faisait chérir de tous ceux qui avaient occasion de le voir. Ses connaissances en tous genres étaient très-étendues, et sa modestie parfaite. Il était toujours prêt à profiter des observations que les ignorans lui faisaient. Je lui ai entendu raconter qu'un jour son fils (1), âgé de cinq ans, entra dans son atelier et lui dit : ah! papa, le joli mulet que vous venez de faire. Vernet regarde et voit, en effet, que l'animal qui devait être un cheval dans sa composition, avait les oreilles longues, et point de crinière. Il fit son profit de la naïve exclamation de l'enfant, et le mulet fut métamorphosé en un beau cheval.

---

(1) C'est celui dont les talens sont héréditaires.

Un de ses amis, qui connaissait son extrême modestie, et avec quelle facilité il oubliait ses plus belles productions, voulut lui jouer un tour, qui, pour tout autre, n'aurait pas réussi. M. Le Beuf avait, pour un particulier, une très-belle collection de tableaux (1); il était très-lié avec Vernet; il le pria de dîner et lui dit : vous connaissez mon petit cabinet, à côté du grand salon, c'est là où je place, loin d'un vulgaire ignorant, tout ce que je possède de plus rare. J'y ai mis aujourd'hui un morceau admirable. — De quelle école ? — Vous le verrez. — Le sujet ? —Vous en jugerez, je vous attends. Vernet, amant de son art, ne manque pas de se rendre à l'invitation : et en ar-

---

(1) Plusieurs ont trouvé place au musée Royal.

rivant il presse M. Le Beuf d'ouvrir le sanctuaire, ce que son ami fit à l'instant. Frappé des effets surprenans d'un coucher du soleil se réfléchissant sur les eaux de la mer, il s'écrie : que c'est beau ! puis tout-à-coup s'adressant au propriétaire du tableau : — ah ! traître, vous m'avez pris au piége, pour me faire dire une sottise. — Non, reprit M. Le Beuf ; mais pour vous faire louer dignement par celui que sa modestie seule empêche d'apprécier ses talens. Cette excuse ne suffit que faiblement à appaiser Vernet, qui en voulait à son ami, de l'avoir ainsi forcé à se rendre justice. J'étais aussi fort lié avec le prince dont les productions pleines d'esprit firent regretter que la mort l'eût enlevé trop tôt à l'école française. J'aimais les compositions de Boucher, peut-être un peu trop licencieuses, mais pleines de grâce. Sa couleur fut une mauvaise école. Robert rappela Claude Lorain. Parlerai-je de Creuse, dont les touchans tableaux furent très-accueillis du public, mais pas encore assez au gré de sa vanité qui devait être plus que satisfaite des éloges qu'on lui prodiguait; car, il faut en convenir, le genre qu'il avait pris ne demandait point ces études approfondies de l'antique, sans lesquelles nulle production d'aucun genre ne pourra aller à la postérité, dont les anciens seuls nous ont tracé la route. Depuis quelque temps notre école avait paru s'en écarter. Menageot et Vincent la ramenèrent dans cette noble simplicité qui seule caractérise le génie. Il faut en convenir, la peinture a eu beaucoup de peine à se naturaliser en France. Quand on voit le point où est parvenue notre école, on a peine à se persuader que nous ayons été si long-temps à avoir des peintres français. En vain François premier en fit venir d'Italie et des Pays-Bas. On admira leurs ouvrages. Le roi en orna son palais; mais personne ne pensa à les imiter. Marie de Médicis avait rapporté d'Italie le goût des arts; elle accueillit plusieurs artistes, entre autres Rubens, peintre de l'école flamande, qu'elle retint long-temps en France, et à qui elle fit exécuter les tableaux qui ornent la galerie du Luxembourg (1); mais ce n'était point en-

---

(1) Ils sont à présent placés avec distinction au musée Royal.

core un peintre français. On ne soupçonnait pas même que l'on pût approcher de loin des Corrèges, des Michel-Ange, des Titien, des Paul Véronèse, dont l'Italie s'enorgueillissait déjà. Simon Wouel, qui fut le premier peintre de Louis XIII, créa l'école française. Ce fut à Wouel que nous dûmes Le Sueur. La mort priva trop tôt la France de ce grand homme, dont l'une des plus belles collections est dans le cloître des chartreux (1) Ainsi tout-à-coup nos peintres franchirent l'espace, et, de même que Corneille ; Le Poussin sembla poser des bornes à notre école. Chaque composition de ce peintre célèbre est un poême. Quand je parcourus, avec quelques artistes,

---

(1) Est maintenant au Musée.
Note de l'éditeur.

les salles de l'académie (1), quelle admiration ne me faisaient pas éprouver les tableaux de Le Brun, animés par le génie des batailles. Il sembla peindre les hauts faits d'Alexandre à l'école de la victoire alors fidèle à Louis.

Philippe de Champagne fut un des plus célèbres de son temps, et ses ouvrages font encore l'admiration des connaisseurs : Boulogne, Jouvenet, Parossel, Santère qui joignit à un colori admirable une grande correction de dessin, formèrent l'école française.

Lafosse, Rigaud, à qui nous devons d'avoir conservé les traits des hommes célèbres de son temps, et

---

(1) Ce sont, en partie, celles où se fait à présent l'exposition.

beaucoup d'autres qu'il serait trop long de nommer, engagèrent M. de Colbert à les rassembler pour en former une académie, comme il avait réuni les gens de lettres et les savans. Ils eurent non-seulement leurs séances au Louvre, comme les autres académiciens, mais on leur donna les salles dont je viens de parler. Quelques-unes leur servent d'ateliers. On entretient aux frais de l'État des modèles. On fit modeler à Rome toutes les statues antiques que les élèves, sous d'habiles professeurs, viennent étudier. On disposa des galeries pour y placer les plus beaux tableaux de nos artistes, que le roi achetait à mesure qu'ils étaient achevés. Enfin le ministre et ses successeurs ne négligèrent rien pour porter cet art à sa perfection. Nos rois mirent des fonds à la disposition de leurs premiers peintres qui étaient présidens de l'académie de peinture, pour envoyer en Italie les jeunes artistes qui donnaient des preuves d'un talent distingué, pour se former sur ces grands modèles, et sur les productions admirables de l'école d'Italie, leur voyage est payé et les élèves entretenus aux frais du Roi, tant qu'ils sont à Rome, dont plusieurs reviennent en France avec de grands talens. Il y eut parmi eux des peintres très-habiles dont je viens de nommer les Vanloo, Pierre, de Troyes, Natier; pourrai-je oublier de parler d'un des plus célèbres peintres du dix-huitième siècle. Vous pensez bien que je parle de Vien; son ermite endormi dispute la palme à nos plus grands maîtres.

Désespérant de porter aussi loin mon faible talent, je me bornai à un genre mixte qui tient du dessin et de la peinture, le pastel ; et j'eus pour maître le célèbre Latour, qui donna, comme Rosalba, tant de supériorité à ce genre, qu'il soutint la comparaison avec les productions du pinceau de nos meilleurs peintres. Ce fut pour le portrait d'un de ses amis (1) qu'il peignit, que Roi fit ces vers :

Cet art a dû sa naissance à l'amour,
Aujourd'hui l'amitié le met dans tout son jour.

___

(1) M. Duval, secrétaire du roi, employa une grande fortune aux douces jouissances que procurent les arts et les lettres. Il était toujours entouré d'hommes aussi célèbres qu'aimables, dont il était digne d'apprécier le mérite. Jusqu'aux derniers momens de sa longue carrière, il conserva toute sa présence d'esprit.

Latour était très-fantasque : on dut à son originalité une des belles têtes qui soient sorties de ses crayons. Une duchesse fit dire à Latour qu'elle désirait avoir son portrait peint par lui, et qu'elle l'attendait tel jour. Dites à votre maîtresse, répond l'artiste, que je ne vais chez personne; si elle veut me faire l'honneur de venir chez moi tel jour, à telle heure, je lui donnerai la première séance. Elle eut quelque peine à se décider. Cependant elle y consentit et fit réponse qu'elle y viendrait.

L'artiste prépare sa toile et ses crayons, l'heure était à midi, une heure sonne, la duchesse n'arrive pas. Latour, le plus impatient des hommes, est à sa fenêtre, et ne voit pas venir la voiture. Passe à ce moment un capucin à tête vénérable, sa barbe blanche tombant sur sa poitrine, tout en lui respire la paix séraphique. Latour sonne son domestique : cours, dit-il, après ce capucin que tu vois là bas, dis-lui que ton maître a quelque chose à lui communiquer. Le valet suit l'ordre du peintre, rejoint le capucin, l'amène : l'humble disciple de Saint-François demande en quoi un capucin indigne, c'est ainsi qu'ils se qualifient, pouvait lui être bon à quelque chose. — Asseyez-vous, mon père, en lui présentant le fauteuil destiné à la duchesse. — Que voulez-vous, Monsieur? — faire votre portrait. — Je n'ai pas le moyen. — C'est moi qui vous prierai d'accepter par séance ce que vous vaut un sermon. — Trois livres est tout ce qu'on nous donne. — Je serai plus généreux, mon père, et il commença.

A peine a-t-il tracé les premiers traits, que l'on entend arriver une voiture avec fracas. Deux chevaux fringans frappent le pavé, et en font jaillir des étincelles. La duchesse, presque portée par ses gens, en descend et arrive dans l'atelier du peintre. Latour se lève : — je suis bien fâché, madame : j'avais eu l'honneur de vous indiquer la seule heure dont je pouvais disposer; celle-ci était destinée au révérend père; il a été exact, je ne puis interrompre la séance. — En vérité, M. Latour, je crois que c'est une plaisanterie. — Non, madame la duchesse, rien n'est plus vrai. Je suis désolé que cela me prive de l'avantage de faire votre portrait; mais c'est impossible,

La duchesse, fort en colère, sortit, en assurant Latour qu'elle s'en plaindrait. L'artiste, sans paraître l'entendre, la reconduisit avec le respect dû à son rang. Le capucin désolé, aurait voulu, pour tout au monde, n'être pour rien dans cette aventure; mais le peintre le rassura, continua la séance, en indiqua une pour le lendemain, et ne quitta pas le bon père qu'il n'eût entièrement achevé son portrait, l'un des plus beaux qu'il ait fait; préférant donner au disciple de Saint-François un témoignage de sa reconnaissance à l'appas de huit à dix mille francs que lui aurait valu le portrait de la duchesse. En général, il n'aimait pas à peindre les femmes, dont, il est vrai, dans ce temps, la coëffure et l'habillement n'étaient rien moins que d'accord avec la nature; Quand elles ne se peindront plus ; disait Latour, je les peindrai.

J'avais vu chez Vernet, Bouchardon qui me parut enthousiaste de son art ; et comme je cherchais tout ce qui pouvait m'instruire, je m'entretins avec l'habile sculpteur. Il me traça tout ce qui le rend recommandable en traits si hardis, que je m'en suis toujours souvenu. On ne peut concevoir, me disait-il, que la sculpture soit parvenue, dès les premiers temps, à une supériorité que personne n'a pu atteindre depuis. Il rapporta diverses opinions sur les chefs-d'œuvre que les Grecs nous ont laissés, comme un témoignage immortel de leur génie. Cependant il en est de la querelle des anciens et des modernes parmi les statuaires, comme de celle des littérateurs. Tout ce que l'on peut dire n'est rien sur un sujet où les témoignages existent, que peuvent opposer les détracteurs de l'antiquité à l'Illiade et à l'Apollon du Belvédère? Faites-mieux, crient-ils à ceux qui ne reconnaissent pas leur supériorité : faites aussi bien, et il me semble que jusqu'à présent le défi est resté sans qu'il ait été possible d'y répondre par des faits. Aussi je ne me console pas, me disait Bouchardon, de n'avoir point assez vu et admiré ce chef-d'œuvre de l'art pendant que j'étais en Italie. Je ne prévoyais pas que je serais forcé de revenir aussi promptement en France. Mais ce que je sais bien, c'est que je ne me suis jamais approché de cette statue sans me sentir pénétré d'un respect qui avait je ne sais quoi de religieux, et m'aurait porté à fléchir le genoux devant le Dieu de la lumière, je justifiais, dans l'exaltation que cette statue m'inspirait, l'idolâtrie des Grecs. Si tous leurs Dieux étaient aussi beaux, aussi supérieurement formés que l'Apollon du Belvédère, je conçois qu'ils les adorassent: Je n'ai jamais pu soutenir d'entendre chercher à affaiblir l'admiration dont cette statue me remplissait, et avancer, avec une sorte d'autorité, que l'Apollon, la gloire de l'Italie, n'est qu'une copie de celui des anciens dont l'original a péri dans les guerres qui précédèrent l'ère chrétienne; et l'artiste qui avançait cette assertion, fondait ainsi son opinion.

Cette statue, disait-il, est tellement sublime, qu'il est impossible que le sculpteur qui l'aurait conçue, ne l'eût pas exécutée avec plus de perfection. Pour moi, je sais qu'une pareille copie, si toutefois c'en est une, a fait le désespoir de tous ceux qui ont voulu la copier de nouveau; car pour ceux qui l'ont vue à Rome, il n'est plus possible de voir avec aucun plaisir les plus belles imitations qui existent en France et décorent les jardins de Versailles et de Marly : et si je retournais jamais en Italie, ce serait principalement pour aller encore saluer le Dieu du Pinde.

Les Français et les Italiens relevèrent la sculpture, presqu'en même temps, tandis que Michel-Ange remplissait Rome de ses ouvrages, sous le pontificat de Léon X et de Jules II, Jean Gougeon embellissait Paris de ses chefs-d'œuvre, sous le règne de François Premier et de Henri II. On connaît le Bacchus de Michel-Ange, qui fit illusion à Raphaël par son extrême beauté, et que celui ci donna, sans hésiter, à Phidias ou à Praxitel : d'un autre côté, tout Paris admire les fameuses cariatides de Gougeon, que l'illustre Sarazin n'a pas dédaigné de copier à Rome. Daniel de Volterie, contemporain de Michel-Ange, enrichit de statues l'une des chapelles de Saint-Pierre *in Montorio*. Lagarde fit voir ce que le ciseau est capable d'imiter, en représentant Saint - Pierre et Saint-Paul qui menacent Attila. Le cavalier Bernin, digne successeur de ces grands maîtres, fit la fontaine de la place Navonne, l'extase de Sainte-Thérèse, ouvrage admirable du côté de l'expression ; le buste de Louis XIV, qui se voit à Versailles, dans lequel il a peint le caractère de ce grand-prince ; il est aussi bien marqué que les traits de son visage. Le cheval de Marcus-Curtius, infiniment plus beau et plus parfait que le cheval de Marc-Aurèle, que les chevaux même de Monte-Cavallo, que leurs inscriptions infidèles attribuent faussement aux plus célèbres sculpteurs de l'antiquité grecque.

En France, Sarazin fit revivre la sculpture que la longue durée des guerres civiles avait presque proscrite, et lui redonna sa première beauté. Il fit, en 1640, un groupe fort estimé que l'on voit à Marly, et qui représente deux enfans qui se jouent avec un bouc (1).

Balliser et Gaspard semblèrent avoir épuisé tout ce que la sculpture moderne pouvait offrir de plus parfait dans l'enlèvement de d'Orithie par Borée. Ce groupe est dans le jardin des Tuileries ; mais ils se sont surpassés eux-mêmes dans le groupe des deux Tritons qui abreuvent les chevaux d'Apollon. Un auteur a dit que ce morceau admirable n'était inférieur qu'à la nature, il est un des plus beaux ornemens des bosquets de Versailles. Desjardins a fait la plupart des statues de nos jardins publics, dont plusieurs sont fort belles. Puget, moins froid, et plus sûr de son sujet, étonne

---

(1) Il est à présent au jardin du Roi.

et ravit dans le Persée qui délivre Andromède, et le Milon Crotoniate. Ici, le ciseau semble animer le marbre, et lui donner les passions qui conviennent à ces deux différens sujets. Le bas-relief de St.-Charles est un tableau où il ne manque que le colori : la perspective aérienne inconnue aux anciens sculpteurs, est bien observée. Puget mettait dans ses figures plus d'expression, et Girardon plus de grâces. Le mausolée du cardinal de Richelieu, l'enlèvement de Proserpine mettent nos sculpteurs français à l'égal de ceux de Rome. Ce bel art qui immortalise à la fois l'artiste et le sujet qu'il traite, ne craint que les Vandales ; il faut qu'ils exercent leur rage pour anéantir les ouvrages que le temps respecte.

Ce n'était point en admirant les chefs-d'œuvre de l'art qui doivent tout à la nature, que je pouvais oublier ma belle Sophie, je retrouvais ses charmes dans tout ce qui s'offrait à mes yeux, dans nos belles collections, et j'animais, par mon imagination, les belles femmes qu'elles représentent ou sur la toile ou par l'habile ciseau de nos sculpteurs, de sorte qu'elles me paraissaient autant de Sophie ; jamais je ne pouvais échapper à cette image adorée qui me poursuivait alors, qui me poursuit encore maintenant, et depuis tant d'années, sans espoir.

Lorsque Théodore s'abandonnait à ses douloureux souvenirs, il n'était plus capable de s'occuper d'autre chose que de ses malheurs, des larmes s'échappaient de ses yeux, et tout peignait en lui des regrets que rien ne pouvait calmer. Raoult se jetait dans ses bras, et lui disait : je suis votre fils, je n'ai point de père, Dieu m'a donné à vous, et alors Théodore reprenait une douce sérénité, et ainsi se termina cette journée.

CHAPITRE XXXIII.

Le soleil s'était levé plus brillant que les autres jours : Théodore passa la journée d'une manière tranquille, et le soir, voulant éloigner tout ce qui aurait pu affliger encore son jeune ami, lui dit : profitons du temps où le curé n'est pas encore arrivé pour vous entretenir d'un art que généralement ceux de son ordre proscrivent.

Je vais vous parler des spectacles qui firent long-temps mon plus grand amusement. Je remarque, en passant, que le vieil usage d'appeler autrefois toute représentation théâtrale *comédie*, quelqu'en fût le genre, subsiste encore pour la profession. Le Kain, Larive sont des comédiens, quoiqu'ils ne jouent jamais que dans les tragédies : rien d'aussi bizarre que l'usage dans les langues. Il rejette, il conserve, et si on en demande la raison, malgré les étymologistes, elle est très-difficile à donner.

Théodore a l'air noble et imposant, il parle lentement, comme pour s'écouter; mais comme il le fait avec grâces, on ne peut l'accuser de pédantisme. Cependant, le sujet qu'il allait traiter, semblait demander peut-être plus de gaieté, et de légèreté; mais il était âgé de plus de cinquante ans, et avait beaucoup souffert. Rien n'émousse davantage cette pointe de malice enjouée qui caractérisait autrefois le génie français : sa longue solitude le rend assez sérieux. Il commença donc la dissertation sur l'état de nos théâtres et sur les plus célèbres comédiens, comme il aurait discuté un point de politique important.

Je ne me servirai pas ici de ma seule mémoire, j'ai cherché les faits dont je voulais vous entretenir dans quelques ouvrages que par bonheur j'ai trouvé dans ma bibliothèque, j'en ai tiré des notes que j'ai sous les yeux, et qui me guideront dans le tableau que je veux vous présenter sur l'art dramatique. Je vous parlerai de l'origine du théâtre en France; et après de la lenteur de ses progrès jusqu'à le Kain et mademoiselle Clairon qui tout-à-coup l'ont porté à cette perfection qui nous a rendus, en ce genre, supérieurs à toute l'Europe. Je passerai rapidement sur tout ce que vous connaissez aussi bien que moi de nos spectacles. Je ne vous parlerai point de ces farces sacrées connues sous le nom de mystères et dont les acteurs étaient confrères de la passion. La salle où les dernières de ces burlesques productions furent jouées, était rue française, occupée par les comédiens italiens ; et j'ai encore vu, dans ma jeunesse, les instrumens de la passion sculptés sur la porte de ce spectacle dont les acteurs étaient toujours de la confrérie de la Passion, à la paroisse St.-Sauveur; ce qui contrastait entièrement avec l'opinion des différens docteurs qui séparaient de l'église tout ce qui tenait au théâtre, depuis les comédiens jusqu'aux valets de la scène, opinion, il est vrai, qui ne fut pas générale. Louis XIV interrogea l'illustre Bossuet sur cet objet, l'évêque de Meaux répondit assez énigmatiquement qu'il y avait de grandes autorités pour ; de grands exemples contre. Le point de savoir si les spectacles étaient utiles ou dangereux, fut un sujet de dispute très-vif dès le dix-septième siècle, et commença par la réponse du Théatin Caffaro au poète Boursault qui se sentait des scrupules d'avoir travaillé pour la scène. Il voyait les spectacles d'une manière fort opposée à ceux de son état. Il regardait la comédie comme indifférente en elle-même. Il cite St.-Thomas Daquin, St.-Charles Borromée et St.-François de Salles qui croyaient que l'on pouvait en tirer un parti avantageux pour la morale, n'étant point un mal en elle-même, lorsque les pièces sont décentes, mais malgré tout ce que de telles autorités peuvent faire croire en faveur des spectacles, je ne pense pas que ce puisse être de bonne foi que l'on croye à l'utilité morale du théâtre : il faudrait, pour parvenir à ce but, faire ce que proposait M. Lefranc de Pompignan : mettre une extrême sévérité dans l'admission des pièces nouvelles, retrancher de toutes celles de nos plus grands comiques, en commençant par Molière, toutes les expressions qui alarment la pudeur, et ôter du répertoire toutes les pièces qui sont immorales, telles que George-Dandin, le mariage de

Figaro etc., mais il ne suffirait pas de réformer les pièces, il faudrait surtout réformer le jeu des acteurs. Quelle différence de lire le Tartufe ou de le voir jouer. Peut on mettre en comparaison de lire la scène où Phèdre déclare à Hippolyte son criminel amour, ou de la voir représenter. On dit qu'il n'y a nulle différence entre voir jouer un comédien de société ou par des comédiens ; je crois qu'elle est fort grande, que jamais une femme vertueuse n'aura l'expression passionnée d'une actrice, et c'est cette expression qui est dangereuse au théâtre, surtout pour les jeunes gens. Les mœurs des femmes attachées au spectacle les portent à ajouter toujours à leurs rôles, parce qu'elles ont généralement, outre le désir de le rendre dans toute son étendue, celui encore, d'enflammer les spectateurs sur les passions desquels elles fondent, pour la plupart, leur existence : et supposé que ce que je dis de cette spéculation ne puisse pas convenir aux premières actrices ; ce manége n'est sûrement pas étranger à toutes celles du second ordre, dont les parts aux bénéfices ne suffisent pas pour leur entretien, et à toutes les femmes pauvres, sans mœurs, et sans talens supérieurs qui rendront toujours le théâtre fort dangereux pour la jeunesse des villes. Un homme grave, me dit, lorsque je sortais à peine de l'enfance : mon ami, je ne vous défends point les spectacles, pourvu que vous me promettiez de ne jamais aller au foyer ni dans les coulisses. Et en effet, tout ce que peut produire sur les passions, la représentation ne peut pas être comparable au danger de ce rapprochement avec des êtres immoraux, comme le sont presque toujours la tourbe théâtrale, et soyons de bonne foi : quelles étaient les mœurs de nos premiers sujets? On citait comme un miracle, la sagesse de mademoiselle Doligny, et elle était laide ; je dirai donc : trouvez le moyen d'épurer les comédiens, et la comédie perdra ses plus grands dangers, et aura peut-être alors une véritable utilité. J'aime passionnément le spectacle, je le regarde comme le plaisir de la bonne compagnie, et cependant il ne m'est pas possible de sentir que Rousseau avait raison, quand il conjurait les Génevois de ne pas établir de théâtre chez eux, et ce même Rousseau a donné un opéra. Le père

Poré, plus conséquent, a composé des pièces dont une a été jouée dernièrement à la comédie française, et comme elles étaient très-morales, le bon père était touché jusqu'aux larmes, en considérant le bien que l'on pouvait tirer du théâtre, et les maux ordinaires qui en resultent; car, disait-il, le spectacle pourrait être une école de vertus, et par notre faute il en est autrement. Les protestans et les jansénistes y ont toujours été opposés.

Ce fut à l'hôtel de Bourgogne, et sur le théâtre que le cardinal de Richelieu avait fait construire dans son palais, depuis le palais royal, que nos premières tragédies furent jouées; car on ne peut considérer notre théâtre comme ayant une place dans la république des lettres, que depuis Rotrou que Corneille reconnait pour son maître; mais l'élève laissa bien loin derrière lui celui qui lui avait enseigné les règles de cet art, que l'auteur de Cinna porta dès le premier moment à sa plus grande dignité. Corneille est l'Homère français, l'un et l'autre n'ont rien dû à ceux qui les ont précédés (1). Corneille est en quelque sorte notre contemporain, puisque nous avons vu ceux qui ont pu le voir, et il est prouvé qu'avant le Cid il n'y avait eu aucune pièce dans notre langue qui pût lui être comparée, et que les Horace, Polieucte et Cinna sont supérieurs à tout ce qui existait alors parmi les modernes. Cependant, ce grand homme

---

(1) Ceci n'est pas prouvé pour Homère : quelques critiques croient que l'Illiade n'est point le premier poëme épique grec.

fut assez malheureux pour trouver un rival dans un premier ministre. Richelieu avide de toute espèce de gloire, envia celle de Corneille; il tenta inutilement d'obtenir de l'auteur du Cid, qu'il laissât croire que cette pièce était du cardinal, Corneille ne le voulut point. Il fut tellement persécuté par le ministre, qu'il fallut toute la grandeur de son génie pour lutter contre cette formidable puissance qui fit juger ce chef-d'œuvre par l'académie française, quoique ce corps fût entièrement soumis au cardinal, à qui il devait son existence : il n'en put cependant obtenir qu'une critique raisonnée qui n'avait rien d'amer. La seule chose qu'un auteur contemporain reproche à l'académie, c'est d'avoir condamné l'amour de

Chimène. Voltaire pense bien différemment que les quarante, et regarde cet amour comme éminemment tragique. Aimer le meurtrier de son père, dit-il, et poursuivre la vengeance de ce meurtre, est une chose admirable. Enfin Corneille triompha de ses ennemis, et sa réputation s'étendit dans toute l'Europe; aussi écrivit-il avec un orgueil qui est à peine supportable.

> Je satisfais ensemble peuples et courtisans :
> Et mes vers en tous lieux sont mes seuls partisans.
> Par leur seule beauté ma plume est estimée;
> Je ne dois qu'à moi seul toute ma renommée.

Mais cet homme célèbre n'eut d'autre jouissance que celle de l'amour-propre. On a peine à concevoir qu'au milieu de tant de succès, il passa les dernières années de sa vie dans la misère, comme le prouve l'anecdote que je vais vous rapporter.

On sait que Boileau et Racine avaient été nommés historiographes de Louis XIV, ce qui leur procurait l'honneur d'être admis souvent à l'audience particulière de S. M. Un jour qu'ils étaient seuls avec le monarque, il leur demanda s'il y avait quelques nouvelles littéraires, Boileau dit qu'il n'en savait pas ; pour moi dit Racine, j'ai vu hier quelque chose de bien touchant : Corneille mourant et n'ayant point de quoi se faire faire du bouillon : le roi ne dit rien ; mais envoya au poëte, dès le même jour, une somme assez considérable.

Une remarque affligeante pour l'humanité, c'est que l'on n'a presque jamais vu les faveurs de la fortune réunies à la gloire littéraire, si ce n'est Voltaire; mais il était en tout un homme extraordinaire. Racine n'eut pas la force et l'élévation de Corneille, si on excepte Athalie ; car il faut avoir entendu mademoiselle Dumenil raconter à Ma:an et Abner le songe le plus beau qui soit au théâtre, pour savoir à quelle hauteur Racine s'est élevé dans ce chef-d'œuvre, dont il ne connut pas lui-même toutes les beautés; car il n'avait point d'acteurs capables de le jouer. Jamais personne ne fut plus persécuté par la cabale que ce grand homme. Qui n'a su avec quelle injustice révoltante, tout ce qui se nommait bel esprit jugeait sa Phèdre, osant même donner la préférence à celle de Pradon. Cette querelle littéraire pensa avoir des suites fâcheuses, parce que le duc de Nevers se trouvait compromis dans un sonnet que l'on attribuait à Racine et à Boileau. Le duc fit menacer l'un et l'autre de les faire assommer. M. le prince de Condé, fils du grand Condé les prit hautement sous sa protection, les logea dans son palais, et fit dire en termes assez durs à M. de Nevers qu'il regarderait comme injure faite à lui-même, tout outrage fait à l'un ou à l'autre de ces deux poètes, alors il les laissa en paix; mais Racine ne le fut jamais avec lui-même.

Emporté par son rare talent pour le théâtre, il n'en n'était pas moins dévoré de scrupules, que MM. de Port-Royal qui l'avaient élevé, excitaient encore. Ils firent tant qu'il cessa de composer des tragédies profanes, et promit de ne consacrer sa plume qu'à des sujets saints, ils exigèrent le renoncement entier à cet art sublime, et nous privèrent ainsi de plusieurs chefs-d'œuvre qu'il aurait pu nous donner encore. Il avait commencé Iphigénie en Tauride, et se proposait de mettre sur la scène les malheurs de la famille de Priam sous le titre des Troyens. Il traduisit quelques psaumes en vers; mais avec moins de succès que J. B. Rousseau. Il laissa trois cents épigrammes: étaient-elles faites avant sa conversion? il faut le croire; mais comment un homme aussi scrupuleux, ne les avait-il pas brûlées? Ses amis lui rendirent ce service, et ne voulurent pas que le public apprît par cette longue collection de vers satyriques, que le tendre Racine n'était pas toujours facile à vivre. Ce poète avait un talent qui devient de jour en jour plus rare. Il lisait parfaitement bien; mais sa déclamation était trop véhémente, ce qui fut cause d'un fait assez plaisant. Étant un jour dans le jardin des Tuileries, il se livrait à toute la chaleur de son âme, et il déclamait quelques-unes de ses pièces. Les ouvriers qui travaillaient dans le parterre, le voyant s'agiter comme un homme en démence, quittèrent leur ouvrage, coururent à lui dans la crainte où ils étaient qu'il ne se jetât dans le bassin.

Racine quitta la cour de Melpomène pour celle de madame de Maintenon qui le força à se mêler d'une affaire d'administration. Le roi fut mécontent que son historiographe se mêlât d'autre chose que d'écrire ses hauts faits; il le fit sentir au poète qui ne s'en consola pas, et mourut de chagrin peu de temps après.

Corneille et Racine eussent donné à la scène française tout l'éclat qui lui manqua encore long-temps ; mais comme je l'ai dit, ils n'avaient point d'acteurs capables de faire sentir la beauté de leurs ouvrages, et la Champmêlé, célèbre par l'amour que Racine avait pour elle, nous paraîtrait bien mauvaise. Ce qui devait aussi nuire infiniment à l'intérêt, c'était le peu d'exactitude des costumes. On a vu, jusqu'à Voltaire, Rodogune, Cornélie en paniers et en gants blancs. Les héros Grecs et Romains avaient des perruques à la

Louis XIV, et des chapeaux à plumes, les confidens restaient nue tête et leurs chapeaux à la main. Ils se frottaient le nez avec leur panache, ce qui faisait rire le parterre. Quant à Voltaire il eut l'extrême bonheur d'avoir des acteurs tels qu'ils ont constamment servi de modèles à ceux qui leur ont succédé. Les noms des Sarazin, de le Kain, de mademoiselle Clairon Dumenil, le Couvreur et Gossin ont toujours été prononcés avec admiration par les amateurs de la scène ; nous leur avons dû, la Rive, Molé, Monvel, Brizard, madame Vestris, mesdemoiselles Saint-Phal, du Bois, de Raucour, tous ces sujets célèbres se sont appliqués avec un soin extrême à perfectionner les costumes, et à donner à la scène une dignité qui rejaillit sur eux. On ne pouvait regarder comme séparé de la société des hommes qui avaient un talent si supérieur et des femmes dont les mœurs conservaient un extérieur décent. Mademoiselle Clairon, surtout, jouit long-temps d'une fort grande considération et elle était admise chez des femmes du plus haut parage (1), il n'en était pas de même de mademoiselle Rocour : elle avait une si mauvaise réputation, qu'elle fut obligée de quitter, pendant quelque temps, la comédie française et de passer en Allemagne d'où elle revint quelques années après. Elle reparut

---

(1) Mademoiselle Clairon fit les délices de la cour d'Anspach pendant long-temps. Le margrave passait sa vie avec elle, et invitait les seigneurs et même les ministres étrangers qui se trouvaient à sa cour, a aller la voir, et jouir de sa société.

sur le théâtre dans le rôle de Phèdre; le public ne la revit pas d'abord avec plaisir, et lorsqu'elle prononça ces vers :

> Je ne suis point de ces femmes hardies,
> qui, goûtant dans le crime une tranquille paix,
> ont su se faire un front qui ne rougit jamais.   RACINE.

Elle fut huée ; cependant elle ne quitta plus la scène, et dans quelques rôles, elle était d'une grande supériorité : tel celui de Médée, où le public se réconcilia si bien avec elle que ce fut la première fois que l'on demanda l'actrice, ce qui devint une folie du parterre, comme celle de demander l'auteur, qui était assez nouvelle à cette époque. Ce premier hommage à l'auteur a dégénéré en manie, à tel point qu'il est arrivé quelquefois que le parterre demandait un auteur mort comme s'il était vivant, et avec un tel acharnement que ce n'était qu'avec grande peine qu'on lui faisait comprendre que l'on ne pouvait envoyer dans l'Élisée pour avoir de ses nouvelles. Théodore ne s'apercevait pas qu'il était heure de se retirer, Raoult n'osait le lui dire : enfin la nuit devint si sombre, qu'il fallut bien suspendre ce qui restait à dire sur les spectacles.

CHAPITRE XXXIV.

Dès le matin, Théodore dit à Raoult :

Ce serait ne donner à la scène française qu'une partie de la gloire qu'elle mérite, si on ne parlait pas de la comédie, que j'ai vu portée à une perfection qui ne laissait rien à désirer. Quel théâtre a eu à la fois, pour les rôles de valets, des hommes comme Préville, d'Azincour, Augé et même Dugazon ; dans d'autres emplois, Molé, Monvel, Fleuri, Brizard, Desessart et Grandménil :

et quelles charmantes actrices : mesdames Préville, Belcourt, Luzi, Fani, madame Drouin, mademoiselle Comtat; quelle élégance dans leur costume, quelle noblesse dans leurs jeux, quelle précision : il faut avoir vu jouer le misantrope à ces acteurs pour avoir une idée parfaite de ce véritable genre comique, aussi éloigné des farces du Boulevard, que les mélodrames le sont de nos plus belles tragédies.

J'ai vu naître à Paris les petits théâtres secondaires, et voici comme ils sont parvenus des trétaux à une certaine dignité par la beauté du spectacle et des décorations.

Il avait existé de tout temps des foires franches à Paris, elles appartenaient à des moines: l'une que l'on nommait la foire St.-Germain, l'autre, la foire St.-Laurent; la première était dans le préau de l'abbaye de ce nom (1); l'autre était près de St.-Lazare. Le revenu de ces foires était très-considérable; elles duraient chacune six semaines, celle de St.-Laurent était au printemps et celle de St.-Germain l'hiver; il y en avait une l'été que l'on nommait de St.-Ovide, elle se tenait au mois d'août, sur la place Vendôme. Là, sous la toile parurent les troupes de Gauden, Nicolet, Rixi, qui avaient des danseurs de cordes, des optiques, des marionnettes, et jouaient, avec la permission des grands spectacles, quelques mauvaises pièces et des

―――――

(1) C'est dans ce terrain que l'on a construit le beau marché que l'on nomme marché de l'Abbaye.

parodies ; c'est là où j'ai vu dans mon enfance jouer le festin de Pierre, dont le valet était un arlequin; l'ombre, qui me faisait grand peur, était entortillée dans un drap, et parlait comme un tuyau d'orgues; on menait les enfans à ces petits spectacles; et les mères dévotes qui ne se seraient pas permis d'aller voir le siége de Calais ou Alzire, ne se faisaient aucun scrupule de rire des bouffonneries d'un taconet, qu'une femme ne pouvait entendre sans se couvrir le visage de son éventail.

La foire St.-Germain eut un avantage sur toutes les autres, outre qu'elle avait des salles construites où on ne craignait ni le froid ni la pluie, les directeurs de ses petits spectacles avaient le droit de jouer toute la semaine de la passion, et ne fermaient que le jour des rameaux, alors toute la bonne compagnie, composée en général des oisifs de la capitale, allait employer trois heures chaque jour à l'un ou à l'autre de ces spectacles forains, ce qui occupait une des trois mortelles semaines où il n'y avait point de grands spectacles; les femmes de la société y prirent goût. On donna à Nicolet la permission de construire une salle sur le Boulevard, sous le titre pompeux de grands danseurs du roi: Nicolet eut bientôt un émule redoutable dans le spectacle appelé les comédiens de bois du sieur Audinot. Cet homme avait rencontré deux créatures parfaites en leur genre, qui firent tout le succès de son théâtre; l'un se nommait Moreau, et était nain, mais d'une proportion la plus exacte, et d'une intelligence qui lui faisait supporter la comparaison avec Carlin, arlequin de la comédie italienne, dont il imitait le ton et les gestes à un point surprenant; l'autre nommée Henriette était d'une beauté rare à cet âge; car sa beauté n'était pas celle de l'enfance : douée d'une mémoire prodigieuse et d'un esprit supérieur, elle jouait les rôles de premières amoureuses dans des pièces composées pour ce théâtre, et qui avaient commencé par être aussi décentes que possible. Les dévotes y allaient, et même leurs directeurs s'y trouvaient quelquefois; car pour remplir le titre de son spectacle, Audinot avait de grandes marionnettes, donc rien de si innocent que le spectacle; mais ces marionnettes ne parurent pas long-temps, et on trouva assez de petites filles que leurs mères amenaient pour remplir des rôles, et les comédiens de bois furent bientôt de chair et d'os. Une bonne femme, oui très-bonne femme, avait fait vœu, pendant une maladie de son très cher époux, que si le ciel le lui rendait, elle n'irait plus jamais au spectacle. Trompée par le titre de comédiens de bois, elle se laissa entraîner chez Audinot, et quand le joli arlequin, et sa gentille colombine parurent, elle chercha, et crut voir les fils qui les faisaient mouvoir, admirant la dextérité de ceux qui les faisaient jouer.

Petit poisson deviendra grand,
Pourvu que Dieu lui prête vie.
La Fontaine.

Les petits comédiens grandirent, des auteurs qui ne manquaient pas de mérite, firent de bonnes pièces : les actrices très-jolies, l'arlequin excellent, tout coucourut à leur succès. La comédie française que l'on désertait pour les aller voir, voulut les empêcher de jouer des pièces à intrigues; l'opéra ne voulut point qu'ils chantassent. Audinot ainsi que Nicolet payèrent le quart des pauvres et on les laissa tranquilles.

Quelque temps après, il s'éleva une difficulté à l'occasion du quart des pauvres entre les comédiens et l'archevêque. Les premiers prétendaient que les loges louées à l'année étaient exemptes de ce droit qui ne devait être perçu que sur la recette journalière. Je ne me souviens pas de quelle manière cela fut décidé ; mais je sais que Molé, à la tête d'une députation de la comédie, alla chez

M. de Juigné, alors archevêque de Paris, pour conférer avec lui de cette affaire. Le prélat les reçut avec beaucoup de bontés, et dit à Molé en faisant quelques pas pour le reconduire, qu'il ne tiendra pas à lui que le mur de séparation qui existait entre lui et sa compagnie ne soit détruit, ce qui fit penser que ce digne prélat voulait faire lever l'excommunication des comédiens.

Les succès des petits spectacles allèrent toujours croissans. Les comédiens de bois avaient changé de nom, on les nommait *variétés amusantes*; ils eurent une salle au Palais Royal, et ils jouèrent des pièces licencieuses auxquelles les femmes allaient sans rougir. Telles furent *tous les pointus*, où tout Paris courait en foule : la comédie française était déserte, l'opéra comique ne se soutenait que par le goût que l'on avait pris pour la musique, tandis que l'opéra avait une pompe vraiment royale. Je ne crois pas que rien puisse être comparé à la beauté de la représentation des opéras de Gluck, c'était la tragédie grecque; il est incroyable qu'un étranger, un Allemand ait deviné l'accent musical de notre langue que Philidor avait senti; mais pas avec la perfection de Gluck. Rien, en effet, n'est comparable à ses adieux d'Iphigénie, chantés par madame St-Hubert.

Sous le règne de Louis XIV une troupe de comédiens italiens s'établit à l'hôtel de Bourgogne, et joua des comédies italiennes où il n'y avait qu'arlequin et scapin qui parlassent français, et comme ils étaient italiens ainsi que le reste de la troupe, ils avaient un accent qui amusait le public. Pour avoir quelque idée du plaisir que le rôle d'arlequin faisait éprouver, il faut avoir vu un véritable arlequin de Bergame; car chaque acteur italien a son pays particulier. Les arlequins sont bergamasques, les pantalons de Venise, les Colombines romaines, etc., ce qui produisait même pour ceux qui entendaient cette langue, un effet assez extraordinaire, chacun ayant un accent et une prononciation différente.

D'ailleurs, la plupart des pièces italiennes sont des cadres où chaque acteur brode son rôle comme il l'entend, surtout l'arlequin et le scapin dont les personnages étaient toujours laissés à l'imagination des acteurs. Il faut avoir connu les arlequins qui se sont succédés jusqu'à l'aimable Carlin, pour savoir combien ils mettaient d'esprit dans leurs rôles, et à quel point ils étaient plaisans. Dès qu'on entendait le son de la voix de Carlin derrière les coulisses, on riait du bon rire que nous avons perdu ; parmi les arlequins, il y en avait qui imitaient le singe, d'autres le chat. Carlin était des derniers : il était gros, pas très-grand; mais si leste qu'on lui a vu faire, à soixante-douze ans, le saut de la momie, qui consistait à prendre par les deux mains le haut de la boîte où la prétendue momie était renfermée, et tourner en l'air avec tant de souplesse, que l'acteur se trouvait debout sur la boîte, tandis que pantalon le cherchait dedans,

Chaque acteur avait son costume, dont il ne changeait jamais. Pantalon noble vénitien, était en robe rouge et noire. Le docteur en noir, le scapin en gris avec des galons de livrée, comme sont les estafiers des grands seigneurs d'Italie qui portent des habits à fraise avec des manches pendantes un petit manteau court dans lequel ils s'enveloppent, et une barette. Quant à l'arlequin, son costume est resté pour les habits de masque, c'était le seul des acteurs italiens qui fut masqué, tous les autres jouaient à visage découvert.

Le pantalon avait seulement une petite barbe postiche extrêmement roide et pointue, que carlin ne manquait jamais d'appeler barbe de chèvre, les lazis étaient toujours les mêmes; mais les italiens ont une telle facilité dans l'expression qui les rendait toujours nouveaux, variant sans cesse leurs gestes, l'inflection de la voix; malgré cela on est obligé d'en convenir, ce spectacle était assez ennuyeux quand les valets n'étaient pas sur la scène; les amoureux n'étaient pas ordinairement très-bons, on ne les écoutait guère; d'ailleurs, les valets expliquaient en français ce que disaient leurs maîtres, ce qui réfroidissait le dialogue. Colombine était pour les actrices ce que l'arlequin était pour les acteurs: c'était la plus aimable de toute la troupe.

Ce spectacle, après avoir soutenu différens procès contre la comédie française qui les perdit tous, se fit des querelles avec l'opéra; quand il voulut joindre la musique à la co, médie italienne; mais on le protégea et on vit un nouveau genre se former; le public s'ennuyait des éternels embroglio italiens, Carlin vieillissait, Argentine ne valait pas Colombine, et Scapin était mauvais. Les loges étaient vides et le parterre ne faisait plus foule, il fallut donc prendre un parti pour que la recette payât les frais. Il y avait environ trente ans que l'on avait vu à la foire St.-Germain un spectacle sous le nom d'opéra comique. Ces opéras étaient ou des traductions d'opéras italiens, comme le peintre amoureux de son modèle, la servante maîtresse, ou des parodies, nos opéras, entre autres Bastien et Bastienne, parodie du devin du village. On parlait et on chantait presque toujours sur les airs connus; cet essai ne se soutint pas ; mais à l'époque dont je parle, il reparut avec plus de succès, et les italiens s'associèrent des acteurs qui firent long-temps le plaisir des spectateurs. On donna : *on ne s'avise jamais de tout*, le diable à quatre, la soirée du Boulevard, Annette et Lubin, et c'étaient M. et madame Trial, Clairval, Caillot, madame Gontier qui jouaient ces essais que suivirent tant de chefs-d'œuvre dans ce genre, et que Philidor et Grétry soutinrent pendant plus de trente ans, avec un succès constant. Alors les comédies italiennes furent entièrement abandonnées. Par attachement pour Carlin, M. de Florian composa des pièces françaises où il lui donna des rôles, mais cet acteur accoutumé à se livrer à son imagination, et n'ayant que peu de mémoire, ne goûtait pas ce genre, et on ne jouait presque plus que des opéras comiques. La supériorité des acteurs, le charme des compositions où les auteurs du chant et des paroles se disputaient de grâces et d'esprit, rendirent pendant quelque temps ce spectacle le plus couru de Paris ; mais on se lasse de tout, et ceux qui avaient admiré Zémire et Azor, les événemens imprévus, l'amant magnifique, l'amant jaloux, s'ennuyèrent de cet aimable genre.

Des hommes de beaucoup d'esprit et de mœurs assez faciles en créèrent un autre, ou plutôt rajeunirent le vaudeville; mais sans y ajouter aucun dialogue en prose. On donna les quatre saisons, Cassandre, Astrologue, etc., ect., un choix d'airs très-gais, et des couplets assez libres firent accourir tout Paris aux italiens(1).

Nous pouvons, dit Théodore, ne pas craindre à présent l'arrivée du curé de Cousance, tout ce que j'aurai maintenant à vous dire, ne pourra lui déplaire : je ne vous entretiendrai plus ni de mes folies ni de celles des autres : il se fit dans ma famille une grande révolution, je vous en parlerai demain.

---

(1) Ce spectacle portait toujours ce nom ; mais il y eut encore scission entre les acteurs de l'opéra comique et ceux du vaudeville, et alors on vit ouvrir deux salles de spectacle qui existent encore. Feydeau joua les mêmes opéras que les Italiens ; mais preque toujours dans le genre larmoyant; et le vaudeville, qui, comme le dit Boileau, né français, veut de la gaieté, vint s'etablir dans la rue de Chartres. Ce fut un joli monstre : car il était moral, satyrique, decent, espiegle. Il fit passer sur sa scène tous les personnages historiques, principalement ceux du siecle de Louis XIV.

CHAPITRE XXXV.

Comme on attendait le curé le soir, nos amis allèrent à la pointe du jour dans le bosquet où ils avaient passé souvent des heures précieuses dans la confiance de l'amitié, et Théodore dit :

Depuis quelque temps, ma mère n'avait plus la brillante santé qui avait prolongé pour elle l'âge de plaire; sans être malade, elle se trouvait languissante, et quoiqu'encore très-aimable, elle n'était plus une jolie femme : rôle que tant d'autres ont peine à quitter quand les agrémens qui le donnent, s'échappent. Madame de *** eut le bon esprit d'abdiquer avant que tout l'avertit que son empire était fini ; mais il fallait remplacer l'activité du grand monde par quelques autres occupations. Il n'était plus temps pour elle de trouver dans la tendresse réciproque, qui fait le charme d'une union légitime, ce bonheur de l'amour que l'attachement et l'estime avaient assuré à madame d'Hervilly: paraître, revenir à un mari auquel elle n'avait jamais témoigné que de l'indifférence, n'eut été qu'une grimace, et je doute que mon père s'y fût prêté. Il était accoutumé à sa manière de vivre, et n'en aurait pas changé pour se donner un ridicule Tenir comme madame Geoffrin un bureau d'esprit lui convenait encore moins, elle ne s'était jamais occupée, en littérature, que de la pièce nouvelle et de la brochure à la mode. Elle aurait baillé à la plus courte discussion philosophique ou littéraire qui lui eût donné des vapeurs. Depuis long-temps, madame de Legéville la prêchait, et l'assurait que si elle était dévote, elle ne connaîtrait plus l'ennui ; que rien ne remplissait aussi bien tous les momens de la journée. Vous êtes riche, lui disait la présidente, dès que l'on vous verra à l'église on vous nommera dame de charité, et vous aurez alors des occupations selon votre cœur naturellement généreux. Cette raison paraîssait très-bonne à ma mère. Elle formait le projet de la réforme; mais elle ne la voulait pas entière, le rouge, la parure lui paraissaient de trop grands sacrifices. Quitter les spectacles était bien dur, cependant il ne fallait plus penser à ces vanités et à ces plaisirs trompeurs, en prenant un directeur janséniste comme l'y engageait madame de Legéville, il n'y avait plus de jésuite : que faire, elle choisit un sulpicien, homme d'esprit, ayant l'usage du monde, aucune maxime exagérée. On n'afficha rien ; mais on suivit les lois de l'église, cela suffit pour éloigner de chez elle, cette foule d'êtres qui sont aussi effrayés des lois évangéliques, qu'incapables de rendre compte de leur haine pour elles. Alors la maison de ma mère eut un ordre différent : on ne veilla plus, il n'y eut plus ce qu'on appelle de grands soupers ; mais de magnifiques dîners où l'église, toujours prête à recevoir et même à aller chercher ceux de ses enfans qui reviennent dans son sein, se hâta de se trouver. A ce repas où la décence présidait, se réunissaient toujours plusieurs évêques, le directeur, les prédicateurs les plus célèbres et les femmes connues par leur éloignement des maximes du siècle; si on n'avait pas quelquefois médit dans ces graves réunions, elles eussent été très-édifiantes. Il s'y trouvait aussi de ces hommes qui savent prendre tous les tours pour avoir à dîner. Un jour que j'étais à table auprès d'un de ces parasytes, il me dit : voyez-vous l'évêque de ***, comme il est gracieux avec madame votre mère : quand nos prélats sont hors de leurs diocèses, ils semblent, pour la plupart, oublier la charge redoutable qui leur est imposée pour vivre dans la société en riches célibataires. Un brillant équipage porte monseigneur d'un bout de Paris à l'autre, et dans toutes les maisons qu'ils honorent de leur présence, ils sont reçus avec distinction. Il n'y a point de grands soupers, où il n'y ait deux ou trois évêques; ils jouent aux jeux de commerce, et sont polis, attentifs avec les femmes comme s'ils n'avaient point renoncé à ce sexe. Madame de Bournel, si connue par sa beauté et sa noble résistence à l'amour du comte de Charolais, parvenue à l'âge où l'on exprime franchement ses pensées, disait j'aime les évêques, parce qu'ils sont comme des femmes: doux, polis, et sans conséquence. Je ne sais s'ils étaient bien flattés de ces éloges; mais au fait, on rend à leur grandeur les mêmes honneurs qu'aux dames. On leur donne les battans, on les sert les premiers à table, et les meilleurs morceaux sont pour eux. Le titre de monseigneur dont ils jouissent dans la société, et que l'on ne donnait qu'aux évêques et aux princes du sang, accoutume les premiers à prendre un ton de supériorité qui quelquefois va trop loin.

Ils font entre eux une extrême différence de ceux qui possèdent de grands siéges à ceux d'un médiocre revenu. Je me rappelle qu'un évêque qui se croyait très-recommandable à cause de l'importance de son évêché, disait à son valet de chambre qui avait manqué à son service : en vérité, on croirait que ce drôle me prend pour un évêque de Bazas : il ne faut pas croire, cependant, ajouta-t-il, que cette apparence de mœurs mondaines détournât tous les évêques de leurs devoirs; tous ne s'éloignent pas de leurs diocèses, et y font beaucoup de bien. M. l'archevêque de Paris est un prélat plein de piété et de zèle.

Le siècle de Louis XIV a vu parmi les évêques de ce temps célèbre, des hommes d'un mérite éminent. Bossuet, Fénélon furent toujours considerés comme les plus beaux génies que la France ait produit. Boileau parle de l'évêque d'Alep, comme d'un saint. Il s'en trouva dans le parti janséniste qui rappelaient par l'austérité de leurs mœurs les premiers siècles de l'église, et à qui il n'a manqué pour être saints, que plus d'obéissance au pape, de ce nombre était l'évêque de Senez. De nos jours, il n'y a que quelques évêques qui se soient distingués dans l'éloquence sacrée ; tel fut l'abbé de Beauvais qui avait été nommé évêque par Louis XV, pour avoir eu le courage de lui parler presque avec autant de liberté que Nathan à David.

On est forcé de convenir que jamais il n'y eut en masse un clergé plus respectable que celui de France, et je crois que la raison en est que presque tous étaient fort bien élevés. L'éducation ne détruit pas les vices du cœur ; mais elle apprend à en rougir, et par conséquent à les cacher. L'hypocrisie, a dit un auteur, est un hommage que le vice rend à la vertu, c'est donner trop de latitude à cette pensée; mais cacher ses torts par honte, c'est réellement honorer la vertu. L'hypocrite va plus loin, il en prend le masque pour commettre impunément des crimes. Dieu me garde de croire que parmi les ministres des autels, il se rencontrât de pareils monstres; mais comme nous l'avons dit, ils sont des hommes sujets à des faiblesses, et les dérober aux yeux du vulgaire, n'est pas hypocrisie, c'est pudeur, et c'est-là ce qui donne à notre clergé une décence que l'on ne trouvait point en Italie, encore moins en Espagne, si on en excepte les évêques qui sont, en général, des gens respectables, et encore moins en Portugal; je parle ici du clergé séculier auquel cependant je joins les chanoines réguliers; car ils participent à la politesse, et j'ose dire à la civilisation du haut clergé avec lequel ils rivalisent de fortune. J'avais laissé parler notre homme tant qu'il voulut, j'avais vu qu'il croyait ainsi payer son auberge, je trouvai, dans ce qu'il dit, d'assez bonnes choses, et vous voyez que je m'en suis souvenu.

Ma mère invitait aussi à ses grands dîners les chanoines de la cathédrale; mais surtout le curé, homme d'un grand mérite. Il avait, en effet, aggrégé ma mère à son bel établissement qui devait son origine à St.-Vincent de Paul, l'homme le plus charitable de son temps, et qui fit l'honneur aux femmes de croire qu'elles étaient plus capables que les hommes de venir au secours des infortunés. Il donna aux pauvres des mères, en instituant dans chaque paroisse, des dames de charité; il leur donna les servantes les plus patientes et les plus sensibles dans les sœurs de charité, établissant un rapport admirable entre les femmes de Paris les plus remarquables par leur rang et leur naissance avec ces dignes filles, qui, semblables aux anges sur la terre, ne connaissent rien de grand que J.-C. qu'elles servent constamment dans la personne des pauvres : ces excellentes sœurs avertissent les curés et les dames de charité des besoins des pauvres quelles cherchent dans les greniers avec autant d'ardeur que d'autres courent et se fatiguent pour obtenir un moment d'audience des hommes en place. Théodore crut voir que les yeux de Raoult se fermaient, c'est un malheur qu'éprouvent les meilleurs prédicateurs, et ils ne descendent point pour cela de chaire ; mais Théodore se tut.

CHAPITRE XXXVI.

Les amis se réunirent sous le beau cerisier, et Théodore parla ainsi :

Ma mère, comme je l'ai dit, devenue délicate, n'était pas toujours en état de braver les saisons rigoureuses pour se rendre où le devoir de sa place l'aurait obligée d'aller. Elle ne voulait point s'en remettre à des gens subalternes, elle était assez embarrassée de ce qu'elle devait faire. Elle avait reçu le matin un avis d'une des sœurs de la charité pour se rendre auprès d'une famille infortunée, et elle était fort souffrante, je lui offris de la remplacer, elle sourit en me regardant.—S'il se trouve parmi ces malheureux une jeune fille, votre zèle sera-t-il désintéressé ? — Oubliez-vous, ma mère, que l'image de Sophie est là, en lui montrant mon cœur. La manière dont je vivais depuis que j'étais à Paris, et dont elle était parfaitement instruite, lui donna confiance en moi, et je fus dépositaire de la bourse où étaient renfermées les aumônes qu'elle avait recueillies pour cette famille, et qu'elle avait doublées comme elle faisait toujours; mon intention était bien d'y ajouter, et je me chargeai avec reconnaissance de porter des consolations au malheur.

J'avais connu, dans les premières années de ma jeunesse, une jeune fille qui m'avait occupé quelques momens, et je n'avais pas fait d'autres observations sur les femmes du peuple ; je résolus, en portant des secours aux mères de famille, de connaître plus particulièrement les mœurs de la classe ouvrière de Paris.

Rien de plus frais, de mis plus proprement que ce que l'on appelle souvent les grisettes; parce que le dimanche elles portent une étoffe de laine et soie, presque toujours grise. Ces robes sont justes à la taille, qu'elles ont pour la plupart, fort belles; car il semble que la nature leur a départi les charmes qu'elle refusait aux femmes de qualité dont les corps beaucoup trop hauts (1), trop serrés en empêchent le développement. J'ai connu une jeune

---

(1) A cette époque.

personne qui pleurait amèrement, parce que ses sœurs lui disaient qu'elle avait de la gorge comme une petite bourgeoise, et la pauvre enfant, toute humiliée de ce reproche, répondait : je vous assure que ce n'est pas ma faute, je voudrais bien, mes sœurs, nen pas avoir plus que vous. Enfin les grisettes de mon temps étaient charmantes jusqu'au moment de leur mariage ; mais le premier enfant qui embellit les femmes dans les autres classes, ternit entièrement l'éclat dans celles-ci, parce qu'elles ne prennent plus aucuns soins de leur taille : elles ne sont plus comme avant leur mariage, occupées seulement à coudre et à broder durant toute la semaine, sans aucune autre fatigue ; car c'est toujours la mère de famille qui fait tous les ouvrages de la maison, la cuisine, la chambre, va au marché, savonne; enfin n'a pas un moment de repos, et voilà le sort qui attend encore les jolies grisettes : dès qu'elles ont fait un choix, car il n'est pas même nécessaire qu'il soit légitime dans cette classe, si l'homme ne se soumet pas au joug de l'hymen, il n'en exige pas moins de celle qui veut bien être sa compagne, tous les soins pénibles du ménage : aussi dès trente ans, ces femmes ont pour la plupart perdu leur fraîcheur. Entourées de marmots qu'il faut soigner, qu'elles mettent en nourrice pour s'en débarrasser, et qu'elles en retirent avant un an, parce que les mois sont trop chers, elles n'ont souvent de la maternité que les tourmens, et excepté l'heure de l'école, elles sont obligées de crier sans cesse après cette petite race indocile qu'elles gâtent dans l'enfance et rudoyent quand elles pourraient lui parler raison; mais le dimanche tout se racommode : femme, mari, enfans, tout se prépare à s'amuser, à se parer suivant son âge et son état. Toute femme de maître ouvrier a une robe de chaque saison qui se conserve avec soin et passe quelquefois d'une génération à une autre. La garniture de dentelles, c'est ainsi que l'on appelle le bonnet à barbes, la coeffe noire, le mantelet de taffetas garni de dentelles plus ou moins hautes, suivant que l'on est plus ou moins riche, proportionnellement à son état. Les souliers de calmende de couleur assortie à la robe, et le bas de coton; ce costume est indispensable pour aller promener ; et après avoir été à vêpres la plupart rejoignaient leurs maris. Je parle de ceux qui avaient l'honneur d'être maîtres; car il faut se rappeler que la maîtrise est la ligne de démarcation entre cette petite bourgeoisie et le peuple. Les femmes de maîtres ouvriers se trouvent bien au dessus de celles de compagnons, c'est à-dire des ouvriers travaillans chez des maîtres, ou celles-ci, comme les blanchisseuses, les ouvrières à la journée, ces femmes là sont très-nombreuses, elles sont mises en juste et en bonnets ronds, n'entrent point aux Tuileries, vont promener sur les Boulevards, aux Champs-Elysées, et surtout aux guinguettes, avec leurs maris ou leurs amans : une fois mariées, leur état est bien plus pénible que celui des petites bourgeoises, parce qu'aux douleurs de la maternité se joint souvent le manque du nécessaire qu'un époux ivrogne ou infidèle leur fait éprouver. L'infortunée n'a souvent pour récompense du travail le plus assidu de toute la semaine, que la vaine attente de la paye de son mari qui souvent la lui refuse pour la porter dans des lieux de désordre, d'où il revient chez lui, la raison troublée, et peu disposé à entendre les justes reproches de sa compagne, dont il se venge souvent par les traitemens les plus durs ; et il faut en convenir, quand on réfléchit sur le sort d'une femme d'ouvrier des villes, on ne peut s'empêcher de voir dans la facilité avec laquelle les jeunes filles se dévouent à de si longs et si constans malheurs, qu'une disposition secrète de la providence pour la reproduction des êtres qui ferment les yeux à ces faibles créatures, à tous les inconvéniens de l'hymen pour ne leur laisser apercevoir que les doux plaisirs d'un amour légitime. En général, ces mères de famille méritent l'estime des honnêtes gens par leur attachement à leurs devoirs, leur amour pour leurs enfans qui, ordinairement dans leur vieillesse en ont soin, et les retirent chez eux où elles soignent leurs petits enfans et font le ménage : ainsi, leur vie se consomme dans de longs et pénibles travaux que la religion adoucit et qu'elle couronne dans le séjour céleste dont la porte est toujours pour elles moins étroite que pour les femmes des autres castes.

C'était chez une de ces infortunées que je devais me rendre, elle demeurait rue des Moineaux, dans une fort vilaine et fort vieille maison, au sixième étage ; j'avoue que je n'avais rien vu de plus désagréable que cette habitation, où se réunissait tout ce qui révolte des sens nourris dans la molesse : enfin après avoir monté les tristes et sales degrés, j'arrive à une porte qui me fit croire que j'avais parcouru un étage de trop, il me parut ne devoir etre que celui du grenier: cependant avant de descendre, je frappe à la porte, et une voix plutôt faible que douce, me dit : ouvrez, ma sœur, la clef est sur la poutre, je suis toute seule et je ne peux me lever. Je cherchai la clef, je la trouvai, et je pensai à l'étonnement qu'aurait cette pauvre femme qui croyait voir une sœur grise, d'apercevoir un jeune homme. J'ouvre et je fus saisi de tristesse en voyant une si grande misère dont je n'avais pas même l'idée, la pauvre femme le fut de crainte. — Monsieur, vous vous trompez, vous avez monté deux étages trop haut, ce n'est pas ici. — Quoi lui di-je : vous ne vous appelez pas Catherine l'Arché ? — Oui vraiment. pour votre service, et que souhaitez-vous d'une pauvre malheureuse comme moi ? — Vous être utile, je viens ici de la part de ma mère madame de ***, dame de charité de la paroisse à qui la sœur Eulalie a dit que vous aviez besoin de secours très-prompts, et comme ma mère est incommodée, je viens à sa place. — Quoi ! c'est possible. Ah ! monsieur, n'abusez pas de ma misère? vous avez peut-être rencontré ma fille, au nom de Dieu, n'allez pas.......! j'aimerais mieux mourir. Je vous assure, ma chère dame, que je ne connais pas votre fille, que je ne sais seulement pas que vous en avez une : voilà un petit sac qui contient le produit d'une quête que ma mère a faite pour vous, et je le lui remis, il y avait dedans plus de deux cents francs, je crus que la bonne femme allait s'évanouir de joie. — Ah! dit-elle, Dieu vous comble, mon brave seigneur, de toutes ses grâces. Je vais cacher le sac sous mon oreiller; car si mon mari rentrait il me le prendrait, irait au cabaret, et n'en sortirait pas qu'il n'eût tout dépensé; mais je le donnerai à la sœur Rosalie qui m'achetera, et à mes enfans, ce dont nous avons tant de besoin. — Vous en ferez ce que vous voudrez, il est à vous, et je me hâtai de sortir, je n'aurais pas voulu que la jeune fille rentrât ; je la trouvai au bas de l'escalier, elle ramenait, avec grande peine, son père à moitié ivre, trois ou quatre petits frères et sœurs la suivaient, étant tous avec des sabots et à peine vêtus. Le père était un garçon sellier, gagnant quatre francs par jour, dont il ne donnait presque rien à sa femme qui avait tout vendu pour faire vivre sa famille et lui-même, quand, par les excès qu'il avait faits le dimanche et le lundi, il se trouvait hors d'état de travailler le reste de la semaine. En effet, sa fille était très-jolie ; le diable voulait me faire remonter ; mais je prononçai le nom de Sophie, et ce fut un talisman qui éloigna toutes mauvaises pensées de moi : je ne me fis pas connaître à cette jeune personne, et je m'éloignai, pensant, toutefois, que je n'avais pas encore toute la maturité que les œuvres pieuses exigeaient pour ces honorables fonctions. Je rentrai et rendis compte à ma mère de ma mission. La sœur Rosalie qui arriva un moment après, dit qu'elle sortait de chez Catherine l'Arché, et venait apporter à ma mère et à moi, le tribut de la vive reconnaissance de toute la famille, même du père qui avait bien promis qu'il ne boirait plus. Je ne sais pas s'il a tenu son serment. On parla à dîner de cette aventure, et tous les saints personnages qui en prenaient leur part, louèrent ma mère et moi en proportion de l'excellence du cuisinier de madame de ***. Après dîner un ecclésiastique auquel je n'avais pas pris garde, tant il était simplement mis, me prit à l'écart, et me dit : vous croyez, monsieur, avoir vu le dernier degré du malheur. Sachez qu'il y en a de bien plus cruels, et la misère dans le quartier que j'habite a des formes bien plus hideuses que dans celui-ci. — Quel est-il ? — Le faubourg St.-Marceau (1). Je suis curé de St.-Médar. — Quoi ! monsieur, de cette église qui a fait tant de bruit ? — Il ne s'agit pas ici des miracles vrais ou faux du bienheureux Pâris ; je ne veux vous entretenir que de mes

---

(1) C'est par corruption qu'on le nomme ainsi : son nom est celui de Marcel, du nom de l'évêque de Paris, l'ami de St.-Éloy.

malheureux paroissiens : ils sont réellement cette tourbe que les Romains appelaient populace, et qu'il ne faut pas confondre avec le peuple : ils habitent les faubourgs de Paris, principalement celui de St.-Marceau, ceux de St.-Jacques, St.-Antoine, St.-Denis, St.-Laurent, St.-Martin du Temple et des Porcherons; ils font près du quart des habitans de Paris; on leur prodigue les épithètes les plus insultantes, et en effet, cette population se compose en grande partie, surtout ma paroisse, de tout ce qu'il y a de plus vil, de plus sale, et de plus immoral. C'est dans son sein que se trouvent les chiffonniers, les crieurs des rues, les porteurs des halles, les balayeurs publics, les débardeurs de bois, l'écarisseur, les colporteurs de journaux et de pamphlets, ceux qui allument les réverbères : toute cette partie des habitans est toujours à vendre à qui veut l'acheter, parce qu'elle est si misérable que ses besoins physiques absorbent toutes leurs facultés. Cette épouvantable société est inhérente à Paris, elle ne se compose point du peuple des provinces comme celles des autres ouvriers. Je suis persuadé que si on remontait à l'origine des hommes qui habitent la rue St.-Médard, on trouverait qu'elle existait aux premiers siècles de la monarchie, et que les cabochiens étaient de la même famille que ceux qui se sont signalés par leurs cruautés dans le temps de la ligue, par leur extravagance et leur inutilité dans celui de la fronde ; et dans cette classe, comme parmi les sauvages, on distingue à peine les femmes des hommes · elles ont les mêmes inclinations, elles boivent, jurent et travaillent comme eux; elles sont couvertes de fange et n'en rougissent pas, il n'y a pas pour elles de jours de fêtes; elles ne s'habillent jamais différemment le jour de Pâques que tout autre jour; elles veillent une partie des nuits et dorment le jour. Enfin elles font classe à part: et si on transportait un homme les yeux bandés, des frontières de France dans le faubourg St. Marceau, il dirait comme Babous, en parlant de cette partie de Paris, il est impossible que cette ville subsiste.

Les enfans sont aussi mauvais sujets que leurs parens, ils sont néanmoins très laborieux. Dès l'âge le plus tendre, ils portent des charges fort lourdes, ils vendent l'hiver des mottes, et l'été ils ont de grandes hottes qu'ils remplissent avec leurs crochets dont ils se servent, tout enfans qu'ils sont, avec beaucoup d'adresse. Je me rappelle toujours une rixe très vive, dont je fus témoin, entre deux femmes dont l'une portait le sceptre des chiffonniers, et l'autre ramassait modestement les chiffons avec ses mains ; elles se prirent de querelle à l'occasion de quelques guenilles, dont toutes deux voulaient s'emparer. La reine des chiffonniers dit à l'autre : il vous appartient bien de vouloir empiéter sur mes droits. Avez-vous un crochet pour chiffonner ? que je vous voie toucher à une seule loque, ajoutait-elle en la menaçant avec son poing, l'autre répondit aussi aigrement, et nos deux championnes, sans respect pour mon autorité sur elles, comme leur pasteur, se battirent à outrance comme s'il eût été question de conquérir la France et l'Espagne. Le curé ajouta : le plus grand malheur de cette classe, c'est qu'elle ne veut recevoir aucune instruction religieuse, je parle surtout des chiffonniers ; ils ne viennent pas à l'église, ils n'y envoient pas leurs enfans ; ainsi au milieu des délices de Paris, un dixième de sa population est condamné par la force des circonstances, et on dirait presque par sa propre volonté, à la misère, l'abjection, la honte et le travail, sans aucun espoir d'amélioration à leur sort ; parce que les ouvrages qu'ils font sont indispensables à la famille parisienne, et ne peuvent être faits que par les plus vils de ses enfans. Je vous assure, me dit le pasteur de ce farouche troupeau, qu'il est cependant quelqu'un plus à plaindre qu'eux : c'est moi qui ne puis adoucir leur situation que très-imparfaitement, et me trouve responsable du salut de gens qui ne veulent ni écouter ni s'instruire. Je le plaignis et lui offris quelques louis pour les moins mauvais sujets de ses paroissiens, qu'il accepta avec reconnaissance. Vous ne m'en avez peut-être pas d'avoir mis sous vos yeux ce triste tableau, s'il ne complétait la galerie que j'y ai fait passer, et dont les portraits, excepté ces derniers, avaient plus ou moins trait à mon histoire, que je vous acheverai devant le curé, parce qu'il est nécessaire que vous me connaissiez entièrement avant de vous décider à adoucir mes longs et pénibles regrets, par votre présence dans ma solitude, Raoult lui prit la main la posa sur son cœur et ce fut sa réponse.

FIN DU TROISIEME VOLUME.

ROMANS NOUVEAUX

Qui se trouvent à la Librairie de LEROUGE, *cour du Commerce.*

L'*Enfant du Désert*, ou les Malheurs de Léontine d'Armainville ; par l'auteur de *Réginald*, ou la Vénitienne. 4 vol. fig.

Le Souterrain de Birmingham, ou Henriette Hérefort, par Madame Guénard de Méré. 4 vol. in-12, fig.

Le Soldat de qualité, ou le dévouement fraternel ; par M. Barthélemy Hadot. 2 v. in-12.

Les Enfans de la Nuit, ou les Aventures d'un Parisien ; par M. de Fouchy. 3 v. in-12, fig.

Les deux Chefs de Brigands, ou le Duc de Ferrara ; par l'auteur de *Miralba*. 4 vol. in-12, fig.

Réginald, ou la Vénitienne ; par mademoiselle Vanhove. 4 vol. in-12, fig.

Lomelli, le hardi Brigand, ou la Caverne de la vengeance ; par l'auteur de Rinaldo Rinaldini. 4 vol. fig.

Caverne (la) du Brigand, ou Edouard et Mathilde ; par l'auteur de l'Enfant du Boulevard. 2 vol.

La forêt de Mont-Lhéry. 2 vol.

Charles de Valence. 2 vol.

L'Enfant de la Révolution. 4 vol.

Chateau de Juvisy. 3 vol.

Edouard de Winter ; par Aug. Lafontaine. 4 vol.

La Fille sans souci. 2 vol.

Madame de Sedan ; par M. de Faverolles. 4 vol.

Marie Menzikoff. 2 vol.

Imprimerie de LEROUX, à Rambouillet.

www.ingramcontent.com/pod-product-compliance
Lightning Source LLC
Chambersburg PA
CBHW050318170426
43200CB00009BA/1365